반민특위의
역사적 의미를
다시 묻는다

Asking again the Historical Meaning of the Special Committe of Anti-National Activities

by Oh Ikhwan, Kim Minwoong, Kim Eunho

Published by Hangilsa Publishing Co. Ltd., Korea, 2019

반민족행위특별조사위원회

반민특위의
역사적 의미를
다시 묻는다

『해방전후사의 인식』 출간 40주년 기념기획

오익환 | 김민웅 | 김언호 지음

한길사

젊은이들에게 역사정신을

• 『해방전후사의 인식』출간 40주년 기념기획을 펴내면서

식민지 시대를 고통으로 살아온 우리에게 역사와 역사정신은 중요합니다. 왜 역사이고 왜 역사정신인지를 우리는 우리 자신에게 묻고 또 물어야 합니다. 지난날의 역사는 오늘과 내일을 어떻게 살아야 하는지를 밝히고, 그 역사정신은 고단한 지난날의 역사를 이겨내고 새로운 역사를 창출해내는 에너지이기 때문입니다.

이 땅의 젊은이들은 1970년대와 1980년대에 치열하게 역사를 탐구했습니다. 일본의 식민통치에서 해방되었지만 나라와 민족은 분단되고 동족끼리 총부리를 겨누면서 잔혹한 이데올로기 전쟁을 하는 그 역사를 살펴보는 독서를 했습니다. 어떻게 하면 이데올로기로 대립하고 갈등하는 분단체제를 극복해

낼지를 고뇌하는 시대를 살았습니다. 아울러 이 국가·사회의 민주주의를 어떻게 구현할 것인지를 온몸으로 투쟁하는 삶을 이 땅의 젊은이들은 마다하지 않았습니다. 그 실천적인 삶의 한가운데에, 책 쓰고 책 만들고 책 읽는 작업이 일상의 질서로 존재했습니다.

촛불평화혁명으로 새로운 역사, 새로운 정치질서가 만들어졌습니다. 1980년 5월 위대한 민주주의를 위한 광주의 투쟁, 1987년의 경이로운 6월항쟁과 연대하는 찬란한 역사였습니다. 그러나 오늘 우리에게 역사와 역사정신이 더 절실해지고 있습니다.

반민특위의 진실과 민족정신사를 훼손하는 언행들이 지금 공공연하게 자행되고 있습니다. 민족사와 민족정신을 부인하고 배신하던 반민족행위가 아무렇지도 않다는 언행들이 쏟아지고 있습니다. 선현들이 피 흘려 지켜내려던 민족정신을, 찬란한 역사를 아무렇지도 않게, 무지하게 언설하고 있습니다. 죽음으로 민주주의를 키워낸 역사와 역사정신을 짓밟고 있습니다.

한길사는 『해방전후사의 인식』 전 6권을 1979년부터 1989년까지 10년에 걸쳐 펴냈습니다. 47명의 연구자가 참여해 61개의 주제를 집필하는 대형 장기기획이었습니다. 엄청나게 많은 독자가 함께 읽은 『해방전후사의 인식』은 그 시대

의 역사와 역사정신을 구현하는 우리 시대 집단지성의 한 성
과라고 할 것입니다. 일본 식민통치에서 해방되었지만 그 역
사정신을 제대로 구현해내지 못한 해방 전후의 역사를 연구
자들과 독자들이 함께 살펴보는 민주화운동이자 시민운동이
었습니다. 지식인들과 연구자들과 시민들이 연대하여 책 쓰
고 책 만들고 책 읽는, 그 시대의 정치·사회·경제·문화를 총
체적으로 인식하는 동시대 시민들의 공동작업이었습니다.

『해방전후사의 인식』 제1권이 출간된 것은 유신이 종말을
고하는 1979년의 10·26정변 열흘 전이었습니다. 제2권은 6년
후인 1985년에 출간되었습니다. 다시 제3, 4, 5, 6권이 1989년
까지 간행되었습니다.

『해방전후사의 인식』은 여느 역사책들과는 차원을 달리합
니다. 민주주의를 열망하는 이 땅의 수많은 젊은 독자가 '필
독하는' 책이었습니다. 민주주의를 구현해내려는 젊은이들에
게 역사의 진실과 역사정신을 가슴에 심어주는 텍스트였습니
다. 함께 읽고 토론하면서 역사를 학습하고 역사정신을 가슴
에 각인시켰습니다. 그때의 역사를 경험하지 못한 젊은이들
에게 제대로 된 역사를 알려주고 역사정신을 심어주기 위해
『해방전후사의 인식』을 출간했습니다.

10·26정변 직후 『해방전후사의 인식』을 판금시킨 정부 관
리가 "친일행위 좀 했다고 왜 야단이냐? 친일한 거를 지금 들

취내서 뭐 하겠다는 거야"라고 한 언행이 상징하듯이 『해방전후사의 인식』은 친일의 실태 및 반민족 친일행위의 규명을 중요 내용으로 삼고 있습니다. 민족을 배신하는 친일행위와 친일파를 제대로 청산·정리하지 못함으로써 비롯되는 국가·사회의 현실을 이야기하고 있는 것입니다. 자신의 이익과 영달을 위해 조국과 민족에게 치명적인 위해를 끼친 자들이 해방된 나라에서 활개 치면서 조국의 광복을 위해 몸 바친 인사들을 탄압한 반민족적 행태를 『해방전후사의 인식』은 분석·논설하고 있습니다.

역사와 역사정신은 한 국가·사회를 정당하게 구현하는 데 기본적으로 요구되는 필요조건입니다. 국가·사회의 정의롭고 도덕적인 미래를 담보하는 충분조건입니다. 역사와 역사정신은 그런 세력들에게 보복하자는 것이 아니라 지난날 과오의 역사를 되풀이하지 않게 하자는 것입니다. 역사와 역사정신을 담아내는 책이란 정의롭고 도덕적인 국가사회를 실현해내는 역량입니다.

『해방전후사의 인식』을 펴내기 시작한 지 40년이 되었습니다. 최근 일부 정치인이 드러내는 한심한 역사인식 수준을 바라보면서, 우리는 『해방전후사의 인식』 제1권에 수록된 오익환 선생의 「반민특위의 활동과 와해」와 김민웅 교수가 새로 쓴 「1949년 반민특위와 오늘」, 출판인 김언호의 「나의 『해방 전후사의 인식』 만들기 역사정신 체험하기」로 『해방전후사의 인식』 특별판을 펴냅니다. 책을 내기 시작한 지 40년이 지난 오늘에도 여전히 유용한 주제라고 생각해서입니다. 지난 시대 이 책을 함께 읽은 독자들, 오늘의 젊은 독자들과 여전히 의미 있는 역사와 역사정신을 공유해보자는 것입니다. 한 시대의 정신과 사상을 창출해내는 책들이 무엇을 증거해보이는 지를 독자들과 함께 경험해보기로 했습니다.

가슴으로 기억하고 학습하는 역사와 역사정신입니다. 더 나은 세상, 더 아름다운 우리의 국가·사회를 위하여!

2019년 5월
한길사 김언호

반민특위의
역사적 의미를
　　다시 묻는다

나의 『해방전후사의 인식』 만들기
역사정신 체험하기
김언호

1949년 반민특위와 오늘

김민웅

경희대학교 교수

결국 '역사의 힘'이다.
진실에서 후퇴하지 않는 역사,
그것을 횃불처럼 들고 광장을 밝히자.
아직 반민특위는 끝나지 않았다.

『총독의 소리』

충용(忠勇)한 제국 신민 여러분, 제국(帝國)이 재기하여 반도(半島)에 다시 영광을 누릴 그날을 기다리면서 은인자중 맡은바 고난의 항쟁을 이어가고 있는 모든 제국 군인과 경찰과 밀정과 낭인(浪人) 여러분, 제국의 불행한 패전이 있은 지 이십 유여 년. 그간 아시아를 비롯한 세계의 정세도 크게 바뀌었거니와 특히나 제국의 아시아에 있어서의 자리는 어둡고 몸서리쳐지던 패전의 그 무렵에 우려했던 것과는 전혀 다른 모습을 띠고 전개되어오고 있습니다. ……불과 2년간의 점령[1]에 대하여 그러하였거늘 40년의 통치에 대하여 웃으며 보내주었다는 사실을 보고 본인은 경악하면서 회심의 미소를 지은 바 있습니다. 희망은 있다고 본인은 생각했습니다. 본인은 뜻을 같이하는 부하들과 민간인 결사대를 거느리고 이 땅에 남기로 한 것입니다.[2]

『광장』의 작가 최인훈의 『총독의 소리』는 이렇게 시작하고

1) 독일의 프랑스 점령 기간. "독일군이 불란서에서 패주할 때 그들은 현지 주민으로부터 갖은 잔악한 습격을 받았던 것입니다"(『총독의 소리』).
2) 최인훈, 『총독의 소리』, 문학과지성사, 1999.

있다. 『총독의 소리』, 그러니까 「미국의 소리」(Voice of America) 같은 방송의 형식을 빌린 이 담화는 아직도 제국에 충성을 바치는 신민(臣民) 그리고 한반도 남쪽에서 암약하고 있는 제국의 군인, 경찰, 밀정, 낭인 등 일본 제국주의 잔류세력을 대상으로 한다. 방송은 일제강점에 의한 식민지 시대 이래 영향력을 키워온 친일세력이 눈부시게 활약할 세상이 왔음을 알리고 있다.

일본의 패전 이후 20년 정도라니까 때는 1960년대, 즉 박정희 군부독재가 시대적 배경이며, 제국의 군인, 경찰, 밀정, 낭인의 역사가 여기에 압축되어 있다. 만주 관동군과 식민지 조선의 총독정치에 기원을 둔 군부의 권력찬탈행위와 경찰의 감시통제, 정보기관의 정보정치, 훗날의 백골단 테러를 떠올리게 하는 잔혹한 폭력진압이 읽히는 대목이다. 분명 나라는 해방되었으나 일제강점기는 형태만 바뀌었을 뿐 끝나지 않았던 것이다. 『총독의 소리』는 계속 이어진다.

반도의 역대 정권은 본질적으로 매판정권으로서 민족의 유기적 독립체의 지도부층이 아니라, 외국세력의 한국에 대한 지배를 현지에서 대행해줌으로써 자신들의 지위를 보존해왔던 것입니다. 그들은 부족(部族)의 이익보다 외국 상전의 이익을 먼저 헤아렸으며 그렇게 함으로써 자

작가 최인훈. 담화의 형식으로 쓰인 『총독의 소리』는
해방 이후에도 일제 식민지 시대가 연속되고 있는 역사를
치열하게 고발한다.

신들의 위치를 유지할 수 있었던 것입니다. ……40년의 경영에서 뿌려진 씨는 무럭무럭 자라고 있으며 이는 폐하의 유덕을 흠모하는 충성스러운 반도인의 가슴속 깊이 간직되어 있는 희망의 꽃입니다. 그것이 그들의 비밀입니다. 해방된 노예의 꿈은 노예로 돌아가는 일입니다. 그들은 그리워하고 있습니다. 그들은 지난날의 그리웠던 발길질과 뺨 맞기, 바가야로와 센징을, 그 그리운 낱말들을 애타게 그리워하고 있습니다. 되게 굴던 서방을 여자는 못 잊는 법입니다. 오입깨나 한 사람이면 이 철리는 다 아는 일입니다. ……반도는 갈데없는 제국의 꿈. 제국의 비밀입니다. 무엇과도 바꿀 수 없고 무엇과도 비길 수 없는 영원한 사랑입니다. 어디로 갈 것입니까. 못 갑니다. 못 가게 해야 합니다. ……오늘도 조선신궁(朝鮮神宮)의 성역(性域)에서 반도인(半島人) 갈보년들의 성액은 흐르고, 아아 남산을 타고 넘는 밤 구름은 어찌 그리도 무심하여 이역에서 구령(舊領)을 지키는 노병의 심사에 아랑곳없는가. 나의 장병이여, 자중하라. 자애하라. 제국의 반도 만세.

일제 식민지 시대는 종언을 고했는가

긴 인용이 되긴 했으나 이 작품은 해방 이후에도 일제 식민지 시대가 연속되고 있는 역사를 치열하게 고발하고 있다. 이는 여전히 우리의 현실이다.

『총독의 소리』는 1967년부터 1976년까지 네 차례 이어져 발표된 작품이다. 정체불명의 유령방송으로 등장하는 이 목소리는 식민지 이후의 역사에 대한 반어법적 성찰을 담아 우리에게 강하게 묻는다. "일제 식민지 시대는 확실히 종언을 고했는가?"라고. 이때 역대 정권을 외세에 붙어 민족의 이익을 팔아먹는 '매판정권'으로 규정하고 있는 대목을 주목해보면, 당시 역대 정권이라고 해봐야 장면은 미미한 존재였으니 이승만과 박정희밖에 없다는 점에서 이는 대단히 용감한 역사적 증언이라고 할 수 있다.

매판정권은 당연히 민족 공동체의 미래를 고민하기보다는 외세추종적이고 일신의 영달을 추구하는 권력이라는 점에서 "40년 경영에서 뿌려진 씨"의 열매가 아닐 수 없다. "반도인 갈보년들의 성액"이라는 듣기 민망하고 적나라한 표현에서 최인훈은 섬기는 주인만 일본에서 미국으로 바뀌었지 저들의 본질은 제국의 신민이요, 자기 부족을 배반하기 일삼는 자들임을 직설적으로 밝히고 있다. 매춘여성을 성(性)적으로 멸시하고 비하하는 속어인 '갈보년'이라는 말을 사용한 것은 오늘날 비판받을 수 있겠으나, 가상의 식민지 시대 총독의 발언이라는 점에서 그 문학적 함의는 오해받지 않을 것이다.

해방이 되었는데 일제 식민지 시대 제국의 주구 노릇을 하던 자들은 척결되기는커녕 도리어 주인 노릇을 다시 시작하고, 총독의 손발이던 군, 경찰, 밀정, 낭인도 옷을 바꾸어 입고 대로를 활보하면서 이 나라의 정치와 문화, 교육과 경제를 주물럭거렸다. 그렇다면 이는 결코 온전한 해방이라고 할 수 없다. 왜 이렇게 되고 말았을까? 『총독의 소리』는 그 까닭을 이렇게 설명하고 있다.

본인 등이 이 땅에 남아서 후일을 기약게 된 것도 반도인들의 이 뿌리 깊은 노예근성에 희망을 걸었기 때문입니다. 다행하게도 전후 정세로 전전긍긍하던 아측(我側)은 뜻밖의 관대한 처분으로써 부흥을 이룩했습니다.

노예근성, 그러니까 식민지 의식을 지속시켜나간 자들은 누구일까? 제국의 총독과 군대 그리고 이 수하들에게 "관대한 처분"을 내린 자는 또한 과연 누구인가? 그 관대한 처분을 내린 자에게 붙어 구사일생으로 살아나 가슴을 쓸어내리며 옳다구나 한 자들은 구체적으로 누구일까? 이들은 겁에 질려 칼

집에 넣어두었던 칼을 도로 꺼낸 다음, 그 칼끝을 난데없이 어디에 겨누었을까? 이들에게 다시 권력을 쥐여주고 활개 치도록 한 자들 또한 누구이며 이로써 해방의 시간이 '재식민지화의 시간'으로 역전(逆轉)되도록 한 자들은 누구일까?

어디 그뿐인가. 그 역전의 경로가 펼쳐지면서 제국의 지배에 온몸을 던져 항거했던 이들이 다시 감옥에 갇히고 북으로 쫓겨 가고 그 후예들은 모멸과 천시를 받는 존재로 전락하고 말았다. 이를 주도한 자들은 자기들에게 비판의 목소리를 낸 이들을 모조리 빨갱이로 몰아 생물학적으로도 정치사회적으로도 사멸(死滅)에 이르게 했으니, 이자들의 정체는 과연 무엇일까? 이자들은 어떻게 아직도 살아서 도둑이 거꾸로 매를 든다고 적반하장격으로 우리의 멱살을 쥐고 있을까?

이 모든 사태의 기점(起點)에 바로 반민족적 친일파를 청산하기 위해 만들어진 반민특위(反民特委)의 와해가 놓여 있다. 1949년 6월 6일, 그날이 우리 역사의 운명을 가른 것이다. 이 날을 우리는 모두 반드시 기억해야 한다. 반역의 역사가 당시 최고권력자인 대통령이라는 자의 명령으로 시작된 날이며, 이후 우리 현대사의 무수한 희생과 굴곡, 오늘에까지 이어지는 왜곡된 역사의식의 출발점이기 때문이다.

반민특위에 대한 공격은 지금도 멈추지 않고 있다. 반민특위 와해를 주도한 세력의 후예들이 여전히 살아 있는 권력으로 우리 사회의 견고한 '앙시앵 레짐'(구舊체제)을 구성하고 있기 때문이다. '반민특위'를 거론하는 것은 바로 이들의 뿌리를 건드리는 일이자, 오늘 우리 현실의 중심을 여전히 쥐고 있는 반민족적 외세추종세력을 해체하는 과업이기도 하다.

그러기에 '반민특위'는 이들이 가장 듣기 싫어하는 단어 가운데 하나다. 그들은 언제 적 이야기를 하느냐고 화를 벌컥 내거나, 지금 친일파가 어디 있느냐고 기함한다. 또는 일본하고 친해져야지 싸워야 하느냐고 대들면서 반일(反日)은 북한만 이롭게 할 일이라고 난리를 친다.

친일파는 그저 단지 일본과 친한 이들이 아니라, 일제의 흉포한 식민통치에 부역하고 민족을 배반한 자들이다. 청산되지 못한 세력의 계보에 속해 제국의 군인, 경찰, 밀정, 낭인들이 저지른 발길질과 뺨 때리기 정치를 칭송하기에 친일파인 것이다. 과거와 현재를 막론하고 이들은 모두 그런 의미에서의 '친일파'다. 기꺼이 제국의 신민이 된 자들이며, 그 체제를 온몸으로 살아가는 자들이다. 일제 식민지 시대의 친일행위 자들만이 아니라, 이들을 옹호하고 이들이 만들어놓은 기득권을 고스란히 쥐고 지금도 그 반역의 역사를 이어나가려는 자들은 모두 다 '친일파'다. '친일파'는 따라서 '역사적 개념'이며 '정치적 개념'이자 역사적으로 정치적으로 소멸되어야 할 세력의 '실명'(實名)이다.

『해방전후사의 인식』의 충격과 그 맥락

'반민특위'를 논하기 위해서는 먼저 『해방전후사의 인식』을 이야기하지 않을 수 없다. 오랫동안 침묵에 가려져 있던 문제가 엄격한 역사적 사실에 근거해 공개리에 논의된 출발점이기 때문이다. '반민특위'는 거론 자체가 위험한 주제였다는 점을 오늘의 젊은 세대는 상상하기조차 어려울 것이다.

1970년대 중후반의 지성사적 대사건을 꼽으라면 단연 리영희 선생의 『전환시대의 논리』(1974)와 『해방전후사의 인식』(1979)의 출간이라고 할 수 있다. 『전환시대의 논리』는 세계를 바라보는 시각에 대해 일대 충격을 주었고, 『해방전후사의 인식』은 숨겨져 온 우리 현대사의 실상(實相)을 직시하게 해준 '시대의 저작'이었다. 이 책 두 권은 박정희의 폭력적인 유신체제에 정면으로 도전한 지성의 양심선언이었고 의식전환의 폭발물이었다. 하나는 국가폭력의 시대를 마주한, 리영희라는 지적 스승의 예리한 논고(論告)였고 다른 하나는 존경받는 언론인 송건호를 비롯한 집단지성의 망설임 없고 용기 있는 역사에 대한 증언이었다.

『해방전후사의 인식』은 이후 제6권까지 나오게 되는데 첫 권은 1979년 10월 15일에 출간되니, 바로 열흘 뒤인 10월 26일 박정희가 궁정동에서 총격으로 죽게 되는 사태와 이내

겹치게 된다. 이 엄청난 상황에서도 『해방전후사의 인식』은 휘발되지 않고, 1980년대 이 땅의 청년들에게 역사의 진실에 어떻게 다가갈 것인지를 눈뜨게 해주었다. 이른바 '해전사 세대'가 출현하는 것이었다.

제1권의 목차를 잠시 살펴보면 다음과 같다.

해방 후 한국문학의 양상(임헌영)

이처럼 『해방전후사의 인식』은 해방정국의 역사적 성격을 조명하면서 친일세력의 움직임, 독립운동가들의 정치적 선택, 미군정의 경제정책, 문학으로 본 당대의 현실을 담고 있다. 『해방전후사의 인식』을 읽어보지 못한 독자에게 이 책의 전체를 소개하는 것은 지면상 무리이고, 친일파 또는 친일세력의 문제에만 국한해서 정리해보기로 한다. 이는 『해방전후사의 인식』이 과감하게 실었던 오익환의 「반민특위의 활동과 와해」를 입체적으로 이해하기 위해서도 필요하며 해방정국, 또는 미군정 3년의 역사를 전체적으로 파악하는 데 도움이 될 수 있기 때문이다.

일본 제국주의가 패망하자 식민통치의 최전선에 있던 경찰은 전전긍긍하게 된다. 그러나 상황은 의외로 그렇게 돌아가지 않았다. 염무웅은 채만식의 작품 『맹순사』(1946)를 소개한다.

『맹순사』의 주인공은 일제 시대에 순사를 하다가 8·15를 만나 '곧 누가 몽둥이로 후려갈기는 것만 같아서' 순사질을 그만둔 나이 사십 가까운 사나이다. 일제 시대에 순사를 하던 8년 동안 그는 비록 적은 월급이었으나 여

기저기서 조금씩 뇌물 받은 것으로 제법 거들먹거리며 살았었다.

그런데 생활고가 닥치자 맹은 군정청 경찰학교에 지원하고 이내 다시 파출소 순사가 된다. 그러던 어느 날 예전에 경찰서 유치장에서 간수로 일할 때 살인강도로 잡혀 왔던 사나이가 순사로 들어오는 게 아닌가! 이에 해코지당하지 않을까 걱정하던 맹은 결국 사직원을 내게 된다. 직후 아내와 나눈 대화가 아래와 같다.

에구머니! 가짜 순사 말이죠?
홍, 뻐젓이 사령장꺼정 받은 진짜 순사드랍디다요. 당당한 경찰학교 졸업생이시구.
저 으찌우? 그럼 인전 순사한테도 맘 못 놓겠구료?

이에 대한 맹의 답이 친일경찰의 본질을 그대로 까발린다.

허기사 예전 순사라는 게 살인강도허구 다를 게 있었나! 남의 재물 강제로 뺏어 먹구 생사람 죽이고 하긴 매일반이었지.

친일경찰과 살인강도가 같다는 채만식의 이러한 태도는 단호하다. 결국 범죄자라는 것이다. 아시아·태평양전쟁 말기 한때 「학병권유문」을 써 친일문학가의 명단에 올랐던 채만식은 그래도 이런 의식을 지니고 있었다. 그러나 적극 친일파로 전향해버린 김동인은 자기정당화로 일관한다. 김동인의 단편 『김덕수』의 주인공인 고등계 형사 김덕수의 과거와 현재에 대한 인식을 살펴보자.

그가 일정 시대에 좀 심한 고문을 하여 적지 않은 사람들에게 원성을 산 것은 사실이다. 그러나 자세히 따지자면 그 자신이 받은 교육 때문에 그는 자신을 일본인으로 알고 일본에 충성되기 위한 행동이었다. ……그가 일본인이라는 자각 아래서 일본의 반역자에게 좀 잔학한 일을 했다 한들 그것은 그리 욕할 바가 아니다. 현재의 덕수의 행동을 가지고 인도에 벗어난다 하면 모를 일이로되, 지난날의 일을 들추어내어 욕하는 것은 다만 욕하기 위한 욕일 따름이다.

어떻게 읽히는가? 일본의 반역자에게 좀 잔학한 일을 했다 한들? "좀 잔학한 일"이라니? 그 상대는 "일본의 반역자"란다. 그게 누군가? 그에 더하여 지난날의 일을 들추어 욕하는 것을 문제 삼는다고? 그렇다면 미래의 일을 들추어 욕하는 사람도 있다는 말인가? 이러한 변명은 결국 과거를 묻지 말라는 것이다. 고등계 형사 출신에게 반민특위 같은 건 다만 지난 일을 들추어 욕하기 위한 욕일 뿐이다. 책임은 자신이 받은 교육에 있고 자신은 아무런 책임이 없다고 항변하는 지점에서 염무웅은 그의 이러한 자세를 '도덕적 파산'으로 규정한다. 친일세력의 자기정당화가 당연한 것으로 받아들여지고 확산되면 이는 민족 공동체 전체의 도덕적 파산을 일으킬 수 있다. 이후 우리의 정치는 도덕적 파산이 일상이 되어버리고 만다.

    김동인 같은 문인들의 친일행각은 사실 그 정신적 영향력이라는 차원에서 더 깊은 민족사적 폐해였다. 친일행위의 합리화는 말할 것도 없고, 일본 제국주의의 총동원체제에 이념적 첨병으로 기능했기 때문이다. 『해방전후사의 인식』에 「일제 말 친일 군상의 실태」를 게재한 임종국은 바로 이 문제를 이미 오래전부터 집중적으로 파고들었다. 그 노력의 산물이 1966년에 나온 기념비적 저작 『친일문학론』[3]이며, 이 책으로 우리는 이광수를 비롯한 작가들이 일제가 일으킨 전쟁에 어떻게 앞장섰는지 더욱 상세하게 알게 되었다. 그렇지 않아도 임헌영은 "해방정국에서 옥문이 열렸을 때 문인들의 얼굴은

---

3) 임종국, 『친일문학론』, 민족문제연구소, 2013.

채만식(왼쪽)과 김동인이다.
채만식은 친일과 살인강도가 같다는 단호한 인식을 보여준 반면,
김동인은 자기 정당화로 일관한다.

1944년 1월에 발행된 『조선화보』에 실린 사진으로
왼쪽부터 최남선, 이광수, 마해송이다.
1943년 11월 일본에 가 조선인 유학생들을 상대로
학병에 지원할 것을 권유하는 강연을 하고서
그 취지 등에 관한 대담을 하는 모습이다.

보이지 않았다"고 개탄한다. 그는 "일제하의 저항문학은 카프 검거와 해체 및 전향으로 대단원의 막을 내렸다고 할 수 있다"며 이름깨나 날리던 문인들은 "일본 제국의 승리를 위해 노래"했다고 지적하고 있다.

문학에서뿐 아니라 한국 영화사를 돌아보는 과정에서 그간 크게 문제 되지 않았던 친일영화인 문제가 최근 10년 사이에 새롭게 제기, 검토되고 있는 것도 중요한 문화사적 사건이다. 더군다나 2019년은 1919년 3·1운동/혁명 100주년이면서 한국 영화가 100년의 역사를 갖게 되는 해다. 지금은 일반 대중이 기억조차 하지 못하는 이름이나 1946년 해방정국에서 엄청난 인기를 끌었던 최초의 항일투쟁 영화 「자유 만세」의 연출자 최인규 감독도 친일영화인으로 지목되었다. 그는 리얼리즘의 거장으로 알려져 왔으나 일제 식민지 시절 만든 「집 없는 천사」 「수업료」 등은 천황주의를 담은 작품이었음이 재검토를 거쳐 드러났고 해방 직전 완성된 「사랑의 맹세」에서는 자살특공대 가미카제를 선전하기까지 했다. 1937년 중일전쟁 이후 저항하기 쉽지 않은 총동원체제가 강요되는 상황을 전제하더라도 그의 「사랑의 맹세」나 서광제의 「군용열차」처럼 협력의 적극성이 영화에 나타났을 경우 그대로 넘어갈 수는 없다. 이 밖에도 경제. 교육, 언론, 예술, 종교 등 도처에서 일제의 식민통치에 부역하고 전쟁정책을 옹호하면서 특히 조선

최초의 친일영화로 알려진 서광제 감독의 「군용열차」(위)와
최인규 감독의 「수업료」의 한 장면이다.
이 영화들은 총동원체제를 홍보하거나
천황주의를 담는 등 일제의 식민통치에 적극적으로 부역했다.

의 젊은이들을 전선에 몰아넣은 행위는 지속해서 규명되어야
한다.

결국 친일은 전쟁범죄의 공범이 되는 길이었다. 무고한 이
들을 살육하는 일에 앞장선 친일. 그건 마땅히 단절되어야 할
행위이자 의식이며 삶의 방식이었다. 그로써 "민족의 주체
성"만이 아니라 "진정한 인간회복"이 가능해질 수 있었던 것
이다.

민족의 자주적 권리를 좌절시킨 미군정

해방정국에서 우리가 가장 우선해 쟁취했어야 할 바는 식
민지 상태를 극복하는 자주성이었다. 송건호는 「해방의 민족
사적 인식」이라는 글을 쓴 까닭에 대해 다음과 같이 토로하고
있다.

8·15가 주어진 타율적 선물이었다는 점에서 우리 민족
의 운명이 강대국에 의해 얼마나 일방적으로 요리되고 혹
사당하고 수모받았으며 이런 틈을 이용해 친일사대주의
자들이 득세하여 애국자를 짓밟고 일신의 영달을 위해 분
단의 영구화를 획책하여 민족의 비극을 가중시켰는가를

규명하려 한 것이다. 지난날이나 또 오늘날이나 자주적이 못 되는 민족은 반드시 사대주의자들의 득세를 가져와 민족 윤리와 민족 양심을 타락시키고 민족 내분을 격화시키고 빈부격차를 확대시키며 부패와 독재를 자행하여 민중을 고난의 구렁텅이에 몰아넣게 마련이다. 민족의 참된 자주성은 광범한 민중이 주체로서 역사에 참여할 때에만 실현되며 바로 이런 여건하에서만 민주주의는 꽃피는 것이다.

8·15를 "타율적 선물"이라고 본 것은 광복을 위해 우리 스스로 투쟁해온 역사가 배제될 수 있다는 점에서 일정한 한계를 지닌 인식이긴 했으나 해방공간의 주도권을 쥐지 못했던 현실을 언급하고 있다는 점에서는 역사적 타당성이 있는 발언이다. 자주적 민족사에 대한 갈망이 여기에 담겨 있기 때문이다. 그러기에 송건호는 "만약 8·15 후 미군정의 압력이 없었다면"이라고 가정하며 해방정국 3년간 벌어진 역사적 왜곡에 미군정의 존재가 있음을 강조하고 있다. 그는 해방군이 아닌 점령군으로 한반도에 상륙한 미군이 스스로를 정부로 만든 상황에서 "한국에 관한 모든 정보를 전적으로 일본인들에게 의존하여 일을 처리해나갔다"면서, "조선에서 일본 군국주의 잔재를 청산할 생각을 전혀 보이지 않았을 뿐만 아니라 오

미군이 1945년 9월 9일 총독부 건물에 성조기를 게양하고 있다.
미군정은 치안유지와 질서확립이라는 미명하에
친일세력이 존속하도록 의도했다.
남조선 과도입법의원에서 제정, 통과시킨 반민특위 관련 법안을
동의하지 않은 것도 그 연장선에서 벌어진 일이다.

히려 부일 반민족행위자들을 보호했다"고 지적한다. 미군정의 역할에 대한 송건호의 규정은 명쾌하다.

> 미군정하의 입법기관인 남조선 과도입법의원이 1947년 7월에 '민족반역자·부일협력자·간상배에 대한 특별법'을 제정, 통과시켰으나 이 특별법안은 미군정의 동의를 얻지 못하고 끝내 공포되지 않아 법률로서 시행을 보지 못해 일제 잔재의 숙청은 실현되지 않았다. ……이같이 한국 민중의 감정을 전혀 무시하고 친일파, 민족반역자들을 등용함으로써 이 땅의 민족정신을 혼탁, 타락시킨 미군정은 적산처리에서 정상배들을 날뛰게 하고 이 나라 경제윤리를 타락시켰다.

송건호의 이 글이 『해방전후사의 인식』으로 묶여 발표된 1979년은 친일세력 청산의 좌절과 이에 대한 미국의 역사적 책임을 거론하는 것 자체가 매우 위험했던 시기였다. 그러니 당시 독자에게 이러한 내용이 얼마나 충격적이었겠는가. 사실 오늘날에도 미군정의 역사적 과오와 책임을 거론하는 것은 여전히 어려운 일이다. 일본에 대해서라면 모를까, 정부나 정치인들이 공개리에 이런 문제를 발언할 수 있을까? 그만큼 미국의 한반도 정책이 가져온 기막힌 사태를 규명하는 작업은 아직도 정치적으로나 외교적으로나 부담스러운 일이다. 그렇다면 이를 역사교과서에라도 실어 역사적 진실을 후대에 교육할 수 있을까? 이마저도 여전히 쉽지 않다. 미국과 친일 문제에 대한 우리의 자주적 역사관은 이렇게 굴절되고 있다.

그렇다면 미군정이 막았던 반민특위 관련 법안은 이후 어떻게 되었을까? 대한민국 정부가 수립된 이후 1948년 9월 국회를 통과한 이 법에 따라 설립된 '반민특위'가 드디어 1949년 1월부터 활동을 개시한다. 그러나 일제 고등계 형사 노덕술(盧德述)이 체포되자 이승만이 직접 나선다.

그간 애국지사를 고문, 학살한 일제 고등계 형사 노덕술을 체포하자 이승만은 특위조사위원을 불러 노덕술은 건국 공로자이니 석방하라고 요구했다. (특위가 이를 거부하자) 이승만은 2월 15일 특위활동을 비난하는 담화를 발표하고 행정부 안의 반민자 조사협조를 거부했다. 이승만의 이 같은 비난과 방해와 협박이 있음에도 특위는 애국지사들을 체포, 고문, 학살한 고등계 형사들을 비롯, 반민자들을 계속 잡아들였다. 특위가 마침내 1949년 6월 6일 서울 시경 사찰과장(지금의 정보과장) 최운하(崔雲霞)와 종로서 사찰주임 조응선(趙應善)을 연행하자 경찰은 정부의 양해 아래 반민특위를 포위하고 특경대(반민특위 소속 경찰)를 무

왼쪽부터 하지, 맥아더, 이승만으로
대한민국 정부 수립 경축식에 참석한 모습이다.
이승만은 귀국 전 도쿄에서 이미 하지와 맥아더를 만났다.
반공 일변도인 이승만은 미군정이 가장 선호하는 인물이었다.
그의 반민특위 탄압과 그 논리는 해방군이 아닌 점령군으로서의
미군정의 의도와 일맥상통한다.

장해제하고 특위 직원들을 마구 폭행하고 연행 구속했다.

반민특위 붕괴의 신호탄이었다. 여기서 송건호는 "정부의 양해 아래"라고 썼지만 입증자료를 가진 오익환의 연구에 따르면 이는 '이승만의 직접 지시'였다.

정치학자 진덕규는 이승만의 반민특위 해체의 출발점을 미군정에서 찾으며 "경찰권을 장악하고 있는 군정 당국자들은 그것의 행사를 대부분 이전의 총독부 시대의 경찰로 충당"했고, 특히 사법부에 이러한 세력이 온존해 있음을 지적한다. "판사, 검사 등은 일제 시대 일정한 교과 과정을 거쳐서 일본의 치안유지와 질서확립을 위해서 기능했던 인사들이 대부분"이라는 점에 주목한 것이다. 그래서 그는 "일제에 친일했던 반민족세력을 여전히 존속하도록 방치해둔 미군정의 책임은 어떤 이유에서든지 정당화될 수 없는 결과를 가져왔다"고 결론짓는다.[4] 여기서 진덕규는 '방치'라는 단어를 썼는데, 미

---

4) 검사 출신이자 현재 법학전문대학원 교수를 지내고 있는 김두식은 『법률가들』에서 "이들을 뛰어넘어 (해방 후) 법조계를 움직일 세력은 그 어디에도 존재하지 않았다"며 한국 사법부에 처음부터 깊게 박힌 친일의 뿌리를 밝히고 있다. 『해방전후사의 인식』을 1980년대 중반 대학 시절에 읽은 '해전사 세대'인 김두식의 이 연구는 사법부에 대한 민족사적 재평가를 가능하게 하며, 사법권력의 역사의식이 어떻게 형성되었는지를 함께 드러내고 있다는 점에서 주목된다(김두식, 『법률가들: 선출되지 않은 권력의 탄

군정의 의도를 분명하게 드러내는 데 부담을 느낀 것인지 아니면 정말 그렇게 생각해서인지는 모르겠으나, 후속연구로 분명히 밝혀진 것은 '방치'가 아니라 '의도적 설계'라는 점이다. 친일세력의 온존과 반민특위의 붕괴는 미군정이 한반도 남쪽을 재편하는 과정에서 설계한 절차였기 때문이다.

오익환의 「반민특위의 활동과 와해」

반민특위에 대한 역사적 맥락이나 정치적 이해는 이로써 틀이 잡혔으리라 본다. 이제 반민특위 자체에 본격적으로 집중할 차례다.

오익환의 「반민특위의 활동과 와해」는 자료에 근거해 반민특위 문제에 대한 사실관계를 제대로 정리한, 당시로서는 최초의 글이었다. 이후 반민특위 관련 서적과 재판기록들이 간행되었지만[5] 1970년대에 이르기까지 반민특위 문제는 일종의 금기처럼 되어 있었기에 이를 증언하거나 관련된 책을 출간하는 일은 쉽지 않았다. 당장에 최고권력자 박정희가 관동

생』, 창비, 2018).

5) 이강수, 『반민특위 연구』, 나남, 2003; 정운현 엮음, 『풀어서 본 반민특위 재판기록』, 도서출판선인, 2009.

군 장교 출신인데 친일문제를 역사적으로나 정치사회적으로 제기하는 것 자체가 결코 녹록지 않았다. 장준하 선생이 5·16군사쿠데타 이후 박정희를 겨냥하여 "다른 사람들은 몰라도 관동군 출신이 어떻게 대통령이 되는가!"라고 질타한 적은 있지만 박정희가 권력을 잡은 상황에서 이 문제가 사회적 논의로 확대되기는 쉽지 않았다. 오익환은 『경향신문』 기자 출신으로 반민특위의 역사를 객관적인 기록자의 관점에서 집필했다. 오익환의 글을 직접 읽기 전에 일단 그 글의 주요 대목을 짚고 의미를 주목하면 그의 글이 더욱 뚜렷하게 살아 움직이지 않을까 한다.

미군정이 승인을 거부했던 반민특위 관련 법안은 1948년 8월 5일 제헌국회의 제40차 본회의에서 열띤 논쟁을 거쳐 통과의 서막을 올린다. 법안은 거듭된 논쟁과 다양한 수정안 제출이 있고 나서 9월 7일 제적 141인 가운데 찬성 103표, 반대 6표로 압도적 지지를 받아 통과된다. 이후 정부로 넘겨진 지 15일 만인 9월 22일 우여곡절 끝에 대통령 이승만에 의해 공포된다. 그러나 이때부터 반민특위는 이승만의 정치적 표적이 된다.

반민특위는 친일세력들이 "관리로서 미군정 아래 구석구석 파고들어 앉았으며 중요한 산업 부문에 뿌리박고 들어가 조금도 양심의 가책을 받음이 없이 뻔뻔스럽게 활개 치고 있지 않은가"라고 분개하면서 "관용 과자비(過慈悲)에 치중할 것이 아니라 어디까지나 추상열일(秋霜烈日)의 엄격한 방침 아래 단행"할 것을 강조한다. 하지만 이승만은 이에 대해 찬물을 끼얹는다. 반민특위 활동이 본격화되려는 찰나, 그는 이에 대한 첫 담화를 발표한다.

공분도 다소 풀리고 형편도 많이 달라졌고 또 부일협력자의 검거 심사 등 질이 심상한 법안이 아닌 만큼 그 죄를 범하게 된 근본적 배경과 역사적 사실을 냉철하게 참고하지 않고는 공정히 처리하기 어려움이 오늘 우리의 실상이다.

우선 이승만은 현실을 왜곡하고 있다. 친일경찰이 득세하고 있는 상황에서 공분은 여전히 풀리지 않고 있는데 이런 식으로 반민특위의 기를 꺾으려고 한 것이다. 더군다나 "냉철"이네 "공정"이네 하면서 반민특위가 친일의 근본적 배경이나 역사적 사실을 정확하게 알지 못하고 일도 공정하지 않게 처리한다는 식으로 비난하고 있다. 이러저러한 말로 친일행위를 합리화하고 있던 자들 편을 이처럼 들고나선 것이다. 두 번째 담화에서는 더욱 적극적으로 반민특위 활동에 제동을 걸고자 했다. 국회에서 압도적 다수로 통과된 법에 기초한 반민특위의 활동이 헌법을 위반했다며 "지금 반란분자와 파괴분자가 각처에서 살인·방화를 하며 인명이 위태하고 지하공작이 긴밀한 이때 경관의 기술과 성격이 아니면 사태가 어려울 것인데 기왕에 범죄가 있는 것을 들춰내서 함부로 잡아들이는 것은 치안확보상 온당치 못한 일"이라고 한 것이다.

왜 기왕의 범죄를 들추느냐니! 김동인의 고등계 형사 『김덕수』가 따로 없다. 반민특위로서는 날벼락이었다. 반민특위가 할 일은 과거의 죄상을 밝혀 응징하는 것인데 이에 대하여 "기왕에 범죄가 있는 것을 들춰내서"라고 질타하고 치안확보라는 미명으로 친일경찰의 위상을 확정한 것이다. 이 논리를 반격한다면 치안을 어지럽히는 세력이 되는 것이며 이승만이 말하는 "반란분자와 파괴분자"에 동조하는 세력이 되는 셈이다. 그렇지 않아도 친일경찰과 이들의 비호를 받는 친일세력들은 반민특위를 '빨갱이' 또는 '빨갱이의 앞잡이'라고 비난하고 있던 판이었다.

임정요원 출신이었던 반민특위 위원장 김상덕[6]으로서는 가

---

6) 김상덕(金尙德, 1891~1956) 일본 도쿄에서 있었던 '2·8독립선언'을 주도한 인물 중 한 명으로, 이후 중국으로 건너가 임정을 중심으로 독립운동을 했다. 홍범도, 여운형, 김규식과 함께 모스크바에서 열린 '극동민족대회'에도 참가, 그 위상이 높아졌다. 이후에도 만주, 중국 등지에서 열정적으로 독립운동을 했다. 그는 민족운동진영에서도 진보적 태도를 지닌 인물로, 한국전쟁 때 납북되어 1956년에 사망, 평양에 있는 '재북인사의 묘'에 묻혔다. 이곳은 남쪽 출신 저명인사들의 묘역으로 좌와 우를 가리지

만히 있을 수 없었다.

　대통령 자신이 궤변으로써 헌법을 무시하고 삼권을 독점하려는 의도에서 민심을 혼란케 하고 반민법 운영을 고의로 방해하는 담화문을 발표하니 이 어찌 통분치 아니하리.
　다음, 치안에 중대한 영향을 준다 했으니 대통령은 항상 반민법 운영과 치안을 관련시켜 치안의 책임을 특위에 전가시키려는 듯하다. 국민은 속지 않는다. 반민법이 공포된 후에는 윤치영 전 내무장관이 재직 시 악질 경관을 요직에 등용했음은 대통령이 지시했던가.

그러나 사태는 이미 되돌릴 수 없는 지경에 이르고 있었다. 반민특위 본부 앞에 친일세력들이 몰려들어 "반민특위는 빨갱이의 앞잡이다. 공산당과 싸운 애국지사를 잡아간 조사위원들은 공산당이다"라는 구호를 연일 외쳐댄 것이다.
　이렇게 반민특위 공격으로 공포 분위기가 잡혀가는 가운데, 이승만의 담화정치와 친일세력의 반민특위 공격 그리고 노덕술의 체포로 이어지는 급박한 상황에서 1949년 6월 6일 친

않아 문인 이광수, 역사학자 정인보, 독립운동가 안재홍이 모두 함께 '선생'이라는 호칭으로 잠들어 있다. 김상덕은 1990년 건국독립훈장을 받았다(김상웅, 『김상덕 평전』, 책보세, 2011).

김상덕은 2·8독립선언을 주도했다.
그는 2·8독립선언을 시작으로
임시정부, 의열단, 민족혁명당에서 활동했으며
해방 후에는 반민특위 위원장을 지냈다.

일세력 일색인 경찰의 반민특위 기습이 자행된다. 이 사건 다음 날인 6월 7일 이승만은 AP통신사 기자와의 단독 인터뷰에서 "(반민특위) 특경대 해산은 대통령 자신이 직접 경찰에 지시한 것"이라고 말한다. 반민특위 해체의 최고결정자가 누구인지 이승만은 자기 입으로 온 세상에 밝힌 것이다. 친일경찰의 절대적 충성에 기반을 둔 이승만의 장기집권과 독재는 이때 벌써 길을 닦고 있었던 것으로, 친일경찰과 친일세력은 반민족세력 청산을 빨갱이의 소행으로 몰고나가면서 민족세력에 대한 탄압을 더욱 본격적으로 마음껏 저지르기 시작한다. 반민특위 위원장 김상덕의 든든한 지주이자 친일세력 청산에 목소리를 높였던 김구조차도 단독정부 수립을 막기 위한 1948년 4월의 남북 연석회의 참석 이후 빨갱이로 몰리고 있던 가운데 바로 이 반민특위 기습 사건이 발생하고 20일 뒤인 1949년 6월 26일 경교장에서 암살당한다. 이승만의 총애를 받고 있던 만주 관동군 출신 군부의 직접적인 사주를 받은 안두희에게 김구가 저격당한 것은 이처럼 반민특위 와해가 확연해진 흐름 속에 일어난 민족사적 비극이었다. 반민특위 습격과 김구 암살의 연장선에서 친일세력 청산과 반민특위 활동을 주도하던 국회의 소장파 의원들을 남로당 프락치 혐의로 검거한 이른바 '국회 프락치 사건'도 벌어졌다. 친일세력은 미군정의 비호 아래 '애국자'로 둔갑하고, 분단체제를 이용하여 독립운동가들을 겨냥한 '빨갱이 때려잡기'를 주도해 이승만을 중심으로 자신들의 권력을 구축했다. 자신들의 민족사적 범죄를 은폐하기 위한 친일세력의 대대적인 '6월 공세'였다. 그 결과는 어떠했을까?

해방은 되었으나 친일세력이 다시 역사의 주역이 되어 세상을 거꾸로 돌아가게 했다. 민족 앞에 머리를 수그리고 백배사죄와 용서를 구해야 할 세력들이 도리어 심판자의 자리에 앉아 애국지사들을 단죄하고 정치를 사리사욕의 장으로 삼았다. 그뿐 아니라 걸핏하면 색깔론을 내세우면서 자신에게 반대하는 이들을 투옥하고 조작재판으로 사법살인까지 행했다. 우리 민족의 역사적 위치에 대한 인식을 바탕으로 이성과 논리를 따라 비전과 대안을 나누고 당면한 문제를 푸는 것은 꿈도 못 꿀 정치를 만들어버리고 만 것이었다. 반민특위의 심판을 좌절시킨 이들 친일세력은 일본 제국주의세력에 빌붙어 살아오던 대로 동족에게 군림하기 시작했다. 자신들의 역사적 기원과 정체를 은폐함으로써 정당성을 획득한 이들은 따라서 정치적 태생 자체가 기만과 거짓일 수밖에 없으며, 손쉽게 폭력을 동원하여 자신들의 폭압적 정치에 저항하는 이들을 짓밟았다.

이들 때문에 민주주의는 너무나 오랜 세월 질식당하는 고통을 겪어야 했다. 1948년 제주 4·3학살, 한국전쟁 시기 민간인 학살, 부정선거, 부패, 독재, 친일군부 육성, 박정희 군사쿠데타, 굴욕적 한일협정 등 민주주의의 압살과 폭력적 국가주의의 완결을 지향해왔다. 물론 이들 친일세력의 정치적·역사적 후예들은 오늘날에도 여전히 이승만을 찬양하고 박정희를 숭앙하며 반민특위의 역사적 가치를 계속 공격한다. 자신의 뿌리를 속일 수 없는 것이다.

역코스와 미국의 냉전정책 그리고 친일세력의 재기

'빨갱이' 또는 '좌파'에 대한 공격은 친일세력의 성공적 재기를 뒷받침한 가장 확실한 무기이자 수단이었다. 왜 이렇게 된 것일까? 우선 일본 제국주의세력이 주도한 시대에 이른바 빨갱이 또는 좌파는 과연 어떤 이들이었는지 알 필요가 있다. 당연히 이들은 자본주의체제에 대한 대안으로 사회주의를 지향한 세력이었다. 그러나 이러한 지향점은 현실에서 그리 위협이 되지 않았다. 더욱 중대한 위협은 이들이 20세기 초중반 일제가 치른 각종 전쟁을 반대하는 내부의 적, 즉 '반전(反戰)세력'이었다는 점이다. 식민지 조선에서는 항일투쟁세력의 일부라는 점에서 이른바 불령선인(不逞鮮人)의 구체적 인물들이었다. '사상범'이라는 말로 대표되는 이들은 총독의 지휘를 받는 친일경찰의 검거대상이었다.

일본은 1900년대 초기 이미 치안법을 만들어 체제에 저항하는 이들을 색출하는 제도를 꾸렸으나, 1937년 중일전쟁 이후 마련된 보안법, 치안유지법 등은 이와는 질적으로 다른 것이었다. 더욱 가혹하고 난폭한 법이었고 이후에 전향자가 속출했다. 1941년 설치된 국가보안법은 국가기밀의 범위를 광범위하게 정하고 이를 위반하는 이들을 즉각 체포, 투옥할 수있게 했다. 전시 총동원체제 가동을 위한 장치였다. 일본의 양심적인 역사학자 이에나가 사부로(家永三郎)는 그의 『태평양전쟁사』[7]에서 이를 밝히면서 일체의 사상적 통제가 이루어진 시대를 증언한다. 우선 "빨갱이를 척결하는 것은 천황체제의 획일적 국가주의에 매우 중대한 작업"이었다. "이들 사회주의자의 반전사상이 유포되는 것이 애국주의를 고취하는 전쟁 수행에 장애가 된다"는 것은 분명했다. 이러한 관점에서 공교육도 학생들에게 국가주의를 주입했고, 좌파를 위험분자로 각인시켰다. 자본주의 발전 과정에서 자연스럽게 만들어질 좌와 우의 정치적 논쟁의 자리는 허락될 수 없었다. 일본 본토의 지침이 이런 터에, 식민지 조선에서야 더 이상 말할 것도 없었다. '좌파, 빨갱이를 잡는 것은 애국행위'였고, 따라서

---

7) Saburo Ienaga, *The Pacific War 1931-1945*, Pantheon Book, 1978.

친일경찰의 독립지사 체포나 사상범 검거는 모두 '애국행위'로 인식되었다. 미군정 시기와 반민특위 와해의 과정에서 친일경찰 등을 '빨갱이 때려잡은 애국자'로 지칭한 것에는 이런 역사적 연원이 있다.

빨갱이는 그러나 언제나 좌파를 의미하지 않는다. 자신의 모든 정적(政敵)을 그렇게 지목했으니, 이는 정치적 낙인이었으며 선전이었고 자기정당화의 토대였다. 언제든 제멋대로 죽여도 아무도 이의를 제기할 수 없는 자들이 바로 빨갱이 또는 좌파였다. 억울한 희생자들이 양산되었고 민주주의는 거듭 파손되었다.

미국의 역사학자 가브리엘 콜코(Gabriel Kolko)는 그의 명저 『전쟁의 정치학』(Politics of War)에서 제2차 세계대전 이후 미국이 마주하게 된 딜레마를 정확히 표현해낸다.

> 20세기의 전쟁은 강력한 좌파의 등장을 필연적으로 가져왔다. 유럽과 아시아에서의 자본주의의 위기, 식민주의의 파탄 속에서 좌파의 응집과 등장은 소련의 영향이라고 할 수 없다. 파시즘에 대한 저항의 주축에는 이들 좌파가 있었고 이들이 곧 전후의 지도력을 담당할 세력이었다. 미국으로서는 이에 대한 우려가 깊지 않을 수 없게 되었다. 파시즘 몰락 이후의 정치적 공백을 누가 메울 것인가?[8]

파시즘과 가장 격렬하게 투쟁한 세력이 바로 좌파였고, 전후 정치판도에서 이들이 당연하게도 주도권을 쥐게 되는 형국이었다. 소련과의 전후 냉전구도가 예상되는 상황에서 좌파집권의 구조적 확대는 미국에게 악몽이었다. 결국 미국은 구(舊) 파시스트세력을 정치적으로 복원하고 이들이 다시 정치적 중심이 되게 하는 전략을 취한다. 이것이 바로 이른바 '역(逆)코스'(reverse course)다. 일본과 독일의 무장해제를 목표로 삼은 전후정책이 도리어 이들의 무장을 강화하고 이들을 대소(對蘇)전선의 전초기지로 바꾼 것이다. 그런 까닭에 미국의 영향권에 속한 지역에서 좌파세력은 제거될 수밖에 없었고, 이들의 제거를 구 파시스트세력이 맡는 구도는 미국의 '의도적 설계'의 산물이 된다.

미국의 전후정책을 치밀하게 검증해온 리처드 바넷(Richard Barnet)의 분석은 바로 이 '역코스'를 이해하는 데 크게 도움을 준다.[9] 예를 들어 히틀러의 대(對)러시아 전문가이자 정보국장이던 라인하르트 겔렌(Reinhard Gehlen)은 미국의 지원으로 서독의 정보국장이 된다. 나치 해체가 아니라 '나치의 재구

---

8) Gabriel Kolko, *The Politics of War: The World and the United States Foreign Policy 1943-1945*, Pantheon Book, 1990.

9) Richard J. Barnet, *The Alliance: America-Europe-Japan, Makers of the Postwar Period*, Simon and Schuster, 1983.

축'(spectacular renazification)이 되고 만 셈이다. 이는 미국 냉전 정책의 직접적인 결과물이다. 또한 미국은 독일 재무장을 지지한 당시 프랑스 총리의 이름을 딴 플레벤 플랜(Pleven Plan)으로 독일군 재양성을 추진하고 유럽통합군에 이를 소속시킨다. 독일의 재등장에 대한 우려를 표하던 다른 유럽 국가들을 무마시키기 위한 방책이었다.

그렇다면 일본의 경우는 어땠을까? 일본의 미군정 방첩대(Counter Intelligence Section) G-2 책임자는 맥아더의 측근인 찰스 윌러비(Charles Willoughby)로 그는 도쿄재판에서 특급전범 도조 히데키(東條英機)의 최정예 수하들이 처형되는 것을 막고 이들을 주요 정치세력으로 삼는다. 윌러비는 예편 후 스페인의 독재자 프란시스코 프랑코(Francisco Franco)의 자문책으로 일한다. 윌러비는 일본 파시스트 군부세력과 함께 일본 내 좌파를 색출, 제거하는 일에 심혈을 기울인다. 이로써 1950년경이면 일본 내 좌파세력 가운데 1만 1,000여 명에 이르는 이들이 생업을 잃고 사회적으로 매장당한다. 일본의 전쟁을 반대한 세력이 이렇게 몰락해가고, 구 파시스트세력들은 자민당(自民黨)으로 집결한다. 일본 제국주의의 괴뢰정권이던 만주국을 운영한 인맥과 연결되는 일본 본토 대본영의 핵심 군부세력은 이렇게 해서 미군정의 지원 아래 쉽게 변신한다. 전후 미국의 냉전정책과 일본 구 파시스트세력의 동맹체제가 성립

윌러비가 마닐라에서 일본군에게 항복을 받아내고 있다.
윌러비는 미국의 전후정책을 가장 잘 보여주는 인물이다.
제2차 세계대전 중 맥아더 밑에서 정보장교로 일한 그는
특급전범 히데키의 최정예 수하들의 처형을 막고 예편 후에는
스페인의 독재자 프랑코의 자문책으로 일한다.
그는 파시스트세력과 함께 좌파를 색출,
제거하는 데 심혈을 기울였다.

血書・軍官志願
半島の若き訓導から

만주국 육군 소위로 임관되기 직전의 다카키 마사오,
즉 박정희의 모습이다.
박정희는 만주국 군관에 지원하면서 연령제한에 걸리자
어떻게든 임관하기 위해 "죽음으로써 충성을 맹세한다"는
내용의 혈서를 썼다.
1939년 3월 31일 자『만주신문』이「혈서 군관지원」이라는
제목으로 이를 보도했다.

하게 되는 것이었다.

이 구도는 해방공간의 미군정기에도 그대로 적용된다. 친일세력의 재등장은 '방치'된 것이 아니라 미국의 '설계'에 따른 결과물이고, 이후 이승만은 이를 그대로 인수받아 자신의 권력기반으로 삼았던 것이다. 자신들을 살려준 미군정의 최대 정적이 '빨갱이'라는 점을 간파한 친일세력이 어떻게 살길을 마련해갔는지는 묻지 않아도 될 일이다. 이승만 역시 이를 이용해 자신의 권력기반을 굳혀갔고, 만주에서 항일투쟁하던 중국인, 조선인들을 잡아댄 관동군 장교 출신 다카키 마사오 (高木正雄), 즉 박정희도 반공(反共)을 국시(國是)로 내세워 유신독재로 치달았으며, 이후 전두환의 5·18광주시민학살도 그런 논리에서 자행되었다. 이들의 뿌리는 모두 만주인맥을 비롯한 관동군, 친일경찰 그리고 친일사법부 등 친일세력 덩어리 그 자체다.

가령 박정희 밑에서 통합 12년 동안 국무총리와 국회의장을 지냈던 정일권도 일본 육군사관학교 제55기의 만주 일본군 영관급 장교 출신으로 박정희의 상사였으며, 한국 육군의 영웅처럼 떠받들어지는 백선엽 역시 만주 육군군관학교 제9기로 항일 독립투사들을 '토벌'하는 간도특설대 장교였다. 간도특설대는 그 만행으로 악명이 높았는데, 독립운동가들을 '비적'(匪賊)이라고 부르며 잔혹하게 진압했다. 그런 과거에 대해

1군사령관으로 부임한 백선엽 대장(왼쪽 첫 번째)이
5사단장으로 부임한 박정희 준장(왼쪽 세 번째) 등 예하 사단장의
보직신고를 받는 장면이다.
백선엽 역시 만주에서 일본군의 영관급 장교로 근무한 전적이 있다.

이들은 단 한 번도 반성하고 사죄를 구하지 않았다. 백선엽은 자신의 회고록에서 "우리가 전력을 다해 토벌했기 때문에 한국의 독립이 늦어졌던 것도 아닐 것이고, 우리가 배반하고 오히려 게릴라가 되어 싸웠더라면 독립이 빨라졌을 것이라고도 할 수 없을 것이다"라고 주장했다. 또한 "토벌에 임한 자세"라며 "민중을 위해 한시라도 빨리 평화로운 생활을 하도록 해주는 것이 칼을 쥔 자의 사명이라고 생각할 수밖에 없었다"라고 그 이유를 내세웠다. "전력을 다해 (독립투쟁을) 토벌"한 자의 발언으로, 자신이 한 짓이 무엇인지 일체의 성찰이 없는 궤변이다. 우리의 현대사가 이런 식이다. 이런 자들이 주도한 세력이 민족 공동체의 안녕과 역사적 미래를 고민할 까닭이 없었고 탈역사적 의식에 차 있는 외세의존형 매판세력일 수밖에 없었다. 그 지점이 이들의 존립기반이기 때문이다.

전후 미국의 냉전정책을 기획한 폴 니츠(Paul Nitze)는 1947년 이래 국가안보회의 보고서 「NSC-68」을 작성해 군사주의 정책 강화, 구 파시스트세력 복원, 좌파 제거라는 방식으로 태평양 지역 동맹체제를 구성했다.[10]

미국 내의 '빨갱이 사냥'인 매카시즘도 이렇게 시작되었고,

10) William S. Bordern, *The Pacific Alliance: United States Foreign Economic Policy and Japanese Trade Recovery, 1947-1955*, The University of Winsconsin Press, 1984.

미국이 육성한 제3세계 군부세력은 냉전의 첨병이자 '빨갱이 사냥개'였다. 이렇게 해서 미국의 동맹은 그 핵심세력이 독일의 경우 일부 나치 조직의 정치적 복원에 따른 구 파시스트세력으로, 일본의 경우도 군국주의의 핵심을 이뤘던 구 파시스트세력으로 구성되었다. 미군정기 해방공간에서도 일본의 제국주의 파시스트세력과 동침하고 짝했던 자들이 고스란히 '빨갱이 사냥개'로 변신하고 역사의 무대 중심에 다시 올랐다. 반민특위가 무너지는 것은 시간문제였고, 미국의 역코스에 올라탄 이승만과 이후 그 연장선에 몸을 담근 세력은 모두 지금까지도 여전히 좌파척결을 앞세우면서 자신의 정체를 숨기고 있다.

반민특위 논쟁은 따라서 이들의 역사적 정체를 밝히는 일이자 이들의 정치적 본질을 드러내는 작업이다. 무엇보다 이들의 사유에 무엇이 들어 있는지를 정확히 알아볼 수 있는 역사적 리트머스 시험지다. 말로는 독립운동을 했다면서 실제로는 친일세력과 하나가 된 이승만, 친일세력 그 자체였던 박정희, 그 후예인 전두환으로 이어지는 세력의 본산이 현실정치에서 여전히 정당으로 존재하고 있는 오늘날 우리 민족의 앞날과 민주주의의 장래를 위해 반민특위 논쟁은 더더욱 절실하다.

반민특위 논의가 절실한 오늘의 까닭

'반민특위'가 새삼 공론의 장으로 나온 것은 제1야당인 자유한국당의 원내대표 나경원의 발언 때문이었다. 2019년 3월 14일 문재인 정부가 친일행위를 한 것으로 밝혀진 독립유공자의 서훈을 취소하겠다고 하자, 이에 반론을 펴면서 "반민특위가 국민여론을 분열시켰다"라고 발언했다. 그 의도를 최대한 이해해본다면 친일행위에 대한 검증이 좀더 섬세할 필요가 있다는 취지였다고 할 수 있겠으나, 반민특위가 국민여론을 분열시켰다는 인식은 일단 논리형식상 여론분열의 책임이 반민특위에 있다는 말로 들릴 수밖에 없어 사방에서 강력한 비판을 받았다. 그러나 나경원은 이후 "반민특위를 말하려는 게 아니라 반문특위를 말하려는 것"이었다며 문재인 정부 공격으로 회로를 바꾸려 애썼다. 이게 거짓말인 것은 14일 다음 날인 15일에도 '반민특위 국민분열론'을 재차 언급했기 때문이다. 다른 이야기를 할 의도였다는 해명이 통하지 않았다.

그렇다면 나경원의 변명은 반민특위가 친일세력 청산의 역사적 기구라는 점을 모두 알고 있는 상황에서 이 문제가 본격적인 역사논쟁으로 번지고 결국 친일세력의 뿌리에 대한 날카로운 논의가 생겨나는 상황을 우려한 것은 아니었을까? 아니었다면 반민특위 논쟁을 자신 있게 이끌어갈 수 있어야 하는데 그렇지 못했던 것만 보아도 자한당의 처지에서 이 논의는 구조적으로 불리한 것이라고 할 수 있다. 반민특위를 해체한 이승만을 존경하고, 관동군 장교 출신 박정희를 숭앙하는 그들로서는 반민특위 논쟁의 중심으로 뛰어들 처지가 전혀 아니기 때문이다.

좀더 깊게 들어가 보자면, "반민특위가 국민여론을 분열시켰다"라는 인식은 친일파들의 저항과 반격을 친일파 청산의 의지와 동격에 놓으려는 억지 주장에 불과하다. 그건 찬반이 비등한 분열이 아니라, 반민특위에 대한 일방적 공격이었다. 친일세력의 명백한 반역행위였던 것이다. 당시 국회는 친일세력을 척결하자는 것에 분열할 까닭이 없어 압도적 다수로 법안을 통과시켰고, 마구잡이로 친일파를 색출한 것이 아니라 법으로 그 대상을 명확히 규정했으며, 검거 제1호는 친일 거두 박흥식이었다. 게다가 반민특위가 검거에 주력했던 것은 친일경찰들이었으니 일반 민중은 환호하고 있던 판국에 이에 대해 분열의 덤터기를 씌운 것은 이승만이었다. 게다가 이승만이 반민특위를 경찰을 동원해서 공격한 것은 국민분열을 종식하기 위한 것이 아니라 노덕술을 비롯한 친일세력을 지켜내기 위한 반민족적 행위였다. 따라서 "반민특위가 국민여론을 분열시켰다"라는 발언은 자한당 원내대표를 맡은 정치인의 수준이 민족사적 인식의 극단적 결여나 무지, 공백상태에 있음을 보여주는 격이다.

하지만 이는 단지 한 정치인 개인에게만 국한되는 문제가 아니었다. 이 발언 이후 자한당은 아무런 반성이나 역사적 성찰을 보여주지 않았으며 대표 황교안 역시도 입을 다물어버렸다. 대신 좌파 공격에는 적극적이었다. 황교안은 "좌파 중에 정상적으로 돈 번 사람들이 거의 없다. 다 싸우고 투쟁해서 뺏은 것"이라며 좌파의 재산은 비정상적으로 형성되었을 뿐 아니라 그 방식도 남의 것을 약탈하는 강도와 다를 바 없다는 식으로 말했다. 반민특위 논쟁은 입도 벙긋하지 않은 그가 빨갱이 논쟁에는 앞장선 것이다. 그렇지 않아도 광주민주화운동에 대한 망언이 여론에 규탄을 받고 난 상황에서 터진 나경원의 반민특위 발언과 이러한 자한당의 대응은 이른바 제1야당의 역사관이 어느 지점에 머물러 있는지를 여실히 보여주었다.

어디 이뿐이던가? 자한당 국회의원 이종명은 "정치적으로 광주를 이용하는 세력이 폭동을 민주화운동으로 변질시켰다"라며 "이제는 다시 뒤집을 때가 되지 않았는가?"라고 선동했고, 같은 당 국회의원인 김순례는 "종북좌파들이 판을 치면서 5·18유공자라는 괴물집단을 만들어 우리 세금을 축내고 있다"라고 비난했다. 역시 자한당 국회의원 김진태는 5·18광주민주화운동에 북한군이 개입했다는 주장을 내세우는 지만원을 "가장 존경하는 박사님"이라며 '5·18 진상규명 대국민 공청회'라는 모임에 불러 "북한군 개입은 이미 입증되었으며 전두환은 영웅"이라는 발언까지 나오게 해 광주시민을 비롯한 국민의 공분을 샀다. 일단 빨갱이 논란만 벌이면 자신의 주장이 역사적 진실이 된다는 식의 논리는 급기야 촛불혁명의 중요한 성과의 하나인 문재인 정부를 '좌파독재'라고 규정하고 "독재타도"를 외치는 지경을 낳았다. 이러는 와중에 자한당의 전신인 새누리당의 대표를 지냈던 국회의원 김무성은 "4대강 보 해체에 사용되는 다이너마이트로 청와대를 폭파하자"고까지 해 테러 수준의 언어를 쏟아냈다.

정치언어의 야만성은 여기에서 그치지 않았다. 세월호 유가족들에게 "진짜 징하게 해 처먹는다"라고 했던 차명진 전 의원도 자한당 소속인데, 결국 이들은 역사의 희생자들은 보지 않고 가해자들만 옹호하면서 그 관점에서 현실을 바라보고 있는 것이다. 반민특위 해체의 주범은 따라서 이들의 눈에 보이지 않거나 보려 하지 않거나 관심의 대상이 아니다. 이들의 정치언어와 의식이 폭력적이거나 야만적인 것은 그 정신사적 계보가 반민특위 해체를 가져온 자들과 이어져 있는 결과다. 바로 이런 게 정치적·역사적 개념으로서의 "친일파"다.

반민특위 논쟁이 지금 절실한 까닭은 결국 민족사의 주류를 교체하는 문제가 걸려 있기 때문이다. 민족 공동체가 겪고 있는 고통을 자신의 문제로 여기고 외세를 추종하지 않으며, 민족의 자주를 바로 세우고 역사의 진실을 정직하게 대할 줄 아는 이들이 정치의 중심에 서야 한다. 그러자면 역사를 거꾸로 돌리고자 한 세력은 당연히 청산되어야 한다.

반민특위는 1949년 실패했으나, 그렇다고 지금도 실패할 까닭이 없다. 반민특위가 없다고 반민특위가 목표 삼은 행동이 불가능한 것이 아니다. 그것은 온몸에서 솟구치는 힘으로 지난 역사의 진실과 마주할 때 이루어낼 수 있다. 도대체 그날 그 순간 어떤 일들이 벌어졌는지 기억하고 알리며, 누가 가해자이고 누가 희생자인지를 직시하면 시작할 수 있다. 이로써 우리는 21세기의 변화를 담아내는 민주주의를 성취하고 한반도 평화시대를 열어나갈 수 있다.

가수 정태춘이 만든 노래, 저 장중하기 그지없는 「5·18」의 가사는 이렇다.

어디에도 붉은 꽃을 심지 마라
거리에도 산비탈에도 너희 집 마당가에도
살아남은 자들의 가슴엔 아직도
칸나보다 봉숭아보다 더욱 붉은 저 꽃들

어디에도 붉은 꽃을 심지 마라

그 꽃들 베어진 날에 아 빛나던 별들
송정리 기지촌 너머 스러지던 햇살에
떠오르는 헬리콥터 날개 노을도 찢고 붉게

무엇을 보았니 아들아
나는 깃발 없는 진압군을 보았소
무엇을 들었니 딸들아
나는 탱크들의 행진 소릴 들었소

아! 우리들의 5월은 아직 끝나지 않았고
그날 장군들의 금빛 훈장은 하나도 회수되지 않았네
어디에도 붉은 꽃을 심지 마라
소년들의 무덤 앞에 그 훈장을 묻기 전까지

무엇을 보았니 아들아
나는 옥상 위의 저격수들을 보았소
무엇을 들었니 딸들아
나는 난사하는 기관총 소릴 들었소

어디에도 붉은 꽃을 심지 마라
여기 망월동 언덕배기의 노여움으로 말하네

잊지 마라 잊지 마 꽃잎 같은 주검과 훈장
너희들의 무덤 앞에 그 훈장을 묻기 전까지

무엇을 보았니 아들아
나는 태극기 아래 시신들을 보았소
무엇을 들었니 딸들아
나는 절규하는 통곡 소리를 들었소

잊지 마라 잊지 마 꽃잎 같은 주검과 훈장
소년들의 무덤 앞에 그 훈장을 묻기 전까지

사랑이여 내 사랑이여

우리는 무엇을 보았을까?
우리는 무엇을 잊지 말아야 할까?
우리는 어떤 절규를 들었을까?
친일세력들이 호의호식할 때 이들의 손에 멱살을 잡히고 몽둥이로 맞고 옥에서 숨을 거둔 이들의 통한이 들리는가?
친일세력의 후예들이 애국자 행세를 하고 독립지사들을 빨갱이로 몰아 죽이고 아무도 모르게 파묻어버린 것을 우리는 망각해도 되는가?

언제가 되어야 친일세력들의 가슴에 달린 저 더러운 훈장들을 회수하고 이들이 부당하게 차지한 지위와 재산을 몰수할 수 있을까?

제국의 군인, 경찰, 밀정, 낭인들과 그들의 후예가, 이 반역의 군상(群像)들이 여전히 반민특위를 조롱하고, 제주 4·3항쟁의 역사를 짓밟고, 광주 5월을 깔아뭉개고, 세월호 유가족들을 유린하고, 독재를 타도했던 이들을 향해 "독재타도"를 외치는 짓을 어떻게 청산할 것인가?

결국 '역사의 힘'이다. 진실에서 후퇴하지 않는 역사, 그것을 횃불처럼 들고 광장을 밝히자.

아직 반민특위는 끝나지 않았다. 제 임무를 완수할 때까지.

반민특위의 활동과 와해

오익환

전 경향신문 기자

식민주의적 상흔을 말끔히 씻어내고
치유하지 않고서는
새로운 국가 창설이란 아무런 의미가 없었다.

반민특위는 역사적 소명작업

8·15광복으로 일본 식민통치의 질곡에서 해방된 우리 민족에게 부과된 시급한 당면 과제는 35년에 걸친 일제의 간악한 정책으로 말살되었던 민족정신을 회생시키는 문제였다. 그것은 자유를 되찾은 해방된 민족으로서 새 시대에 부응하는 민주적 질서를 확립하여 그 바탕 위에 온 민족이 염원하는 민족국가를 건설하기 위해서는 꼭 필요한 역사적 소명사업이기도 했다.

일제 식민통치는 우리나라의 정치·경제·사회·문화·교육·산업 분야 등 우리 민족의 골수에까지 깊은 식민주의적 상처를 남겨놓았기 때문에, 이러한 식민주의적 상흔을 말끔히 씻어내고 치유하지 않고서는 새로운 국가 창설이란 아무런 의미가 없었다. 이러한 당면 과제는 과거 일제의 통치하에서 민족의식을 망각하고 오로지 개인의 영달만을 위해 일제에게 민족을 팔아먹었거나 아부 협력했던 민족반역자와 친일파들을 민주적 새 질서를 건설하려는 시대적 요청에 따라 사회 각 분야의 지도적·실권적 지위에서 깨끗이 배제 숙청함으로써 실현될 성질의 것이었다.

그러나 필요하고도 화급을 요했던 민족반역자, 친일분자 등에 대한 숙청작업은 근 3년간에 걸친 미군정기에 전혀 실현되지 못하다가 1948년 8월 대한민국이 건국된 이후에야 착수되었다. 즉 1945년 8월 15일 이후 그 이듬해인 1946년 봄까지 조직 결성되었던 주요 정당·사회단체들은 민족반역자 및 친일분자들의 제거를 요구하고 나섰으나, 1945년 9월로 38선 이남에 진주, 군정을 편 미군 당국은 '한국에서 점령정책을 수행할 인재의 부족'을 이유로 일제 총독체제하의 관공리 등 공직자들을 그대로 현직에 앉혀 그들의 행정력을 이용했던 것이다. 이렇게 되자 일제 식민통치의 앞잡이로 숱한 애국 투사와 독립운동가를 체포 고문했던 악질적 고등경찰은 물론, 일제에 협력했던 지식인·관공리들은 민족의 심판을 받기는 커녕 오히려 미군정의 비호 아래 막강한 권한을 휘두르는 지배적 지위를 향유하면서 새로운 정치적 집단으로 등장, 민족정기에 입각한 신국가를 세우려던 국민적 여망에 커다란 장애 요인으로 작용하기에 이르렀다.

이러한 와중에서도 1947년 6월 미군정의 뒷받침으로 구성된 과도정부입법의원은 반민족행위자들의 진출을 봉쇄하기 위해 입법의원 선거법에 그들의 공민권을 제한했으며 그해 7월 전문 4장 12조의 '민족반역자, 부일협력자, 모리간상배에 관한 특별법'을 제정, 반민족행위자들에 대한 숙청문제를 다시 거론하고 나섰다. 이 법률은 일제의 관료들을 포용했던 미군정 때문에 공포되지 못해 반민족행위자들에 대한 숙청문제는 1948년 8월 15일 건국된 대한민국으로 그 바통이 넘겨졌다.

미군정에서 바통을 넘겨받아 반민족행위자들에 대한 숙청 작업에 나선 반민족행위특별조사위원회(약칭 반민특위)는 반민족행위처벌법 발의 때부터 활동을 끝낸 1949년 8월 말까지 약 1년 동안 682건의 반민 사건을 취급했으나 이승만의 정략적인 견제와 친일세력들의 끈덕진 방해로 실효를 거두지 못하고 오히려 그들에게 분쇄되는 운명을 맞음으로써 민족적 과업은 수포로 끝나고 말았으며 이승만의 장기 독재까지도 가능케 했다는 평을 남기고 있다.

이러한 관점에서 민족반역자·부일협력자들에 대한 숙청작업, 즉 반민특위의 활동이 어떻게 전개되었으며 어떻게 귀결되었는지 그 과정을 살펴보기로 한다.

반민족행위처벌법의 발의

대한민국의 기초가 되는 헌법이 제정된 지 20일이 지난 1948년 8월 5일 제헌국회의 제40차 본회의에서는 일본 제국주의의 앞잡이 노릇을 한 친일파나 부일협력자들을 처단하기 위한 법 제정을 둘러싸고 열띤 논쟁이 벌어졌다. 8·15광복 후

3년이나 미뤄왔던 친일파들에 대한 겨레의 원분(怨憤)을 풀어 신생 자주독립국가의 기초를 튼튼히 다지자는 민족의 여망을 논하는 자리였기에 한여름의 민의의 대변장은 개회 벽두부터 뜨거운 열기로 가득 찼다.

이날 오전 10시 국회의장 신익희의 사회로 개막된 본회의에서 반민족행위를 한 친일분자들을 처벌할 특별법을 제정하자는 주장을 가장 열렬히 지지한 국회의원들은 노일환(盧鎰煥), 김명동(金明東), 김상돈(金相敦) 등 소장파 의원들이었다. "친일파, 민족반역자를 처단하는 것은 민족정기를 바로잡아 신생 국가의 기초를 튼튼히 다지기 위해서 하루라도 빨리 실천되어야 한다"는 주장이었다.

물론 이날 본회의에 참석한 모든 국회의원이 이 같은 주장을 지지하고 나선 것은 아니었다. 일부 의원은 건국 초창기에 많은 사람을 처단하는 것은 사회혼란을 조장할 뿐이라는 이유를 들어 신중론을 폈다. 그러나 수적으로도 열세인 신중론은 당시의 민족적 여망과 시대적 요청을 반영한 강경론을 누를 만큼 설득력도 논리도 없었다.

결국 이날 국회 본회의는, 이미 제정 공포된 헌법 제101조의 "이 헌법을 제정한 국회는 서기 1945년 8월 15일 이전의 악질적인 반민족행위를 처벌하는 특별법을 제정할 수 있다"에 의거, '반민족행위처벌법 기초특별위원회'를 구성하자는

1948년 5월 31일 열린 제헌의회 개원식 모습이다.
친일파를 처단하기 위한 반민법은
광복 후 3년이 지난 후에야 제정될 수 있었다.

김웅진(金雄鎮) 의원의 동의를 가결했다. 국회는 또 동 기초위원회는 28명의 국회의원으로 구성할 것도 아울러 결의, 서울과 각 도 출신 의원 중 3명씩(제주도는 1명)을 추천받아 기초특별위원회(위원장 김웅진, 부위원장 김상돈)를 구성, 법안 기초작업에 착수했다. 기초위원 28명은 다음과 같다.

서울: 김상돈(金相敦) 이영준(李榮俊) 윤재욱(尹在旭)
경기: 서정희(徐廷禧) 김웅진(金雄鎮) 김경배(金庚培)
충북: 홍순옥(洪淳玉) 송필만(宋必滿) 연병호(延秉昊)
충남: 김명동(金明東) 송진백(宋鎮百) 남궁현(南宮炫)
전북: 이문원(李文源) 배 헌(裵 憲) 오기열(吳基烈)
전남: 장홍염(張洪琰) 조국현(趙國鉉) 황병규(黃炳珪)
경북: 박상영(朴湘永) 한암회(韓巖回) 이 석(李 錫)
경남: 박해극(朴海克) 강욱중(姜旭中) 박윤원(朴允源)
강원: 김광준(金光俊) 홍범희(洪範熹) 장기영(張基永)
제주: 오용국(吳龍國)

국회의 결의로 긴급 구성된 기초특별위원회는 다음 날 중앙청 특별회의실에서 특별법안을 기초하기 위한 첫 회합을 갖고 새로 법률안을 성안하려면 시일이 촉박하니 새로 법률안을 만들 것이 아니라 군정 때 입법의원에서 만들었던 '민족반역자, 부일협력자, 모리간상배에 관한 특별법'을 참고로 하자는 의견을 모았다.

이에 따라 전문위원인 고병국(高秉國)은 입법의원의 법률조례안을 토대로 전문 32조의 법률안을 초안했다. 이 법률안은 8월 9일 자로 김웅진 외 27인의 이름으로 국회에 제출되었는데, 그 주요 골자는 다음과 같다.

1. 한·일합방에 적극적으로 협력한 자, 한국의 주권을 침해하는 조약 또는 문서에 조인한 자 및 모의한 자는 사형 또는 무기징역에 처하고 그 재산의 일부 또는 전부를 몰수한다.

2. 일본 정부에서 작위를 받은 자, 또는 제국의회 의원이 되었던 자, 또는 독립운동자나 그 가족을 살상, 박해한 자는 무기 또는 5년 이상의 징역에 처하고 재산의 전부 또는 일부를 몰수한다.

3. 12개로 대별한 악질적인 행위를 한 자는 10년 이하의 징역에 처하거나 15년 이하의 공민권을 정지하고 재산의 전부 또는 일부를 몰수한다.

4. 반민족행위의 예비조사를 위하여 국회의원 10인으로 특별조사위원회를 구성한다.

5. 특별조사 사무를 분장하기 위하여 서울시 및 각 도에

조사부를, 군에 지부를 설치한다.

6. 본법에 규정된 범죄자를 처단하기 위하여 국회의원 5인, 고등법원 이상의 법관 6인, 일반 사회인 5인으로 특별재판소를 설치하며 국회에서 선출한 특별검찰부를 병치한다.

법률안을 제출받은 국회는 1주일 후인 8월 17일 제42차 본회의를 열어 김웅진 의원에게 설명을 듣고 본격적인 법률안 심의에 들어갔는데, 이날 회의에서 질의에 나선 의원은 서우석(徐禹錫), 박해정(朴海禎), 신현돈(申鉉燉), 조한백(趙漢栢), 이원홍(李源弘) 등이었다.

서우석 의원 등의 질의 요지는 ① 제3조에 '악의'라고만 되어 있는데 그 기준을 어디에 둘 것이며 '지휘한 자'라는 표현은 지휘한 자에 한하고 지휘를 받아 집행한 자는 포함되지 않는지 ② 제4조는 개개의 행위가 아니라 직위를 기준으로 해서 일정한 직위에 있던 자는 악질이건 아니건 전부 처벌한다고 해석하는 것인지 ③ 제3조에서 '무기 또는 5년 이상의 징역에 처한다'고 규정했는데 살인범은 사형에 처하도록 규정한 일반 형법에 비해 독립운동가를 살상한 민족반역자에 대한 형벌로는 너무 가볍지 않은지 ④ 제4조 제1, 2, 3호까지 각 호에 해당한 자를 당연범으로 하지 않고 선택범(選擇犯)으로 한다면 기타에 대해서는 별로 처벌받을 자가 없지 않은지 ⑤ 제4조에서 '악질적 죄적(罪迹)이 현저한' 등의 문구는 그 한계가 애매하지 않은지 ⑥ 제5조에서 '개전의 정상(情狀)이 현저한 자는 그 형을 경감 또는 면제할 수 있다'고 했는데 그렇다면 처벌받을 자가 별로 없지 않은지 등의 내용이었다.

답변에 나선 김웅진 기초위원장은 ① 제3조에서 '악의로 살상 박해한 자'라고 한 그 '악의'는 자기의 직무상 부득이하여 행한 행위가 아니라 자유의사에 따라 적극적인 의도하에서 행한 것을 뜻하며 ② 제4조는 일제 시에 고위직 및 기타 일정한 직에 있으면서 특히 악질적으로 우리 민족을 살상 박해한 자를 선택하여 처벌하자는 것이지 당해직에 있었다고 해서 당연범으로 처벌하자는 뜻이 아니며 ③ 외국의 입법 추세가 사형을 형벌에서 제외하는 경향이므로 최고형을 무기징역으로 한 것일 뿐이며 ④ 칙임관(勅任官) 이상의 관리였던 자, 중추원 부의장 고문 또는 참의였던 자, 일제 밀정에 대해서는 기초위원회에서도 많이 논의했으나 이들 가운데는 악질적이 아니었던 사람도 있었으므로 선택범으로 했으며 ⑤ 대단히 모호한 것이지만 냉정히 조사한다면 뚜렷이 악질적인 죄적자를 가려낼 수 있을 것이며 ⑥ 일제 시 가벼운 반민족행위를 행하던 자 중에서 우리 정부가 수립되어 창설해나가는 이때에 자기의 과오를 뉘우치고 심신을 바쳐 건국에 이바지하는 자는 그 죄과를 경감 또는 면제해주자는 뜻이라고 설명했다.

법률안에 대한 심의를 둘러싸고 벽두부터 열띤 토론이 벌어졌는데, 그것은 이 법률안이 너무 짧은 기간에 급조되다시피 하여 내용이 모호한 부분이 많고 적용 범위가 불분명한 데다가 특별재판부와 특별검찰부를 따로 설치한다는 것은 삼권분립의 기본 정신에 어긋난다는 등등의 이유 때문이었다.

동 법률안은 국회에 제출되어 1주일 동안의 심의를 거치는 동안 무려 49개의 수정안이 쏟아져나왔다. 기초위원회는 심의를 거쳐 그중 33건의 수정안은 폐기하고 16건만 채택, 다시 새로운 수정안을 성안·제출했는데 그 내용은 다음과 같다.

1. 제3조에 '사형'을 추가한다.
2. 제4조 제1항 중 '좌 각호의 1에 해당한 자를 먼저 공직으로부터 추방하고'를 삽입한다.
3. 제3호를 '고등관 이상의 관리였던 자'로 하고 제6호를 '군·경찰의 관리로서 판임관 이상의 직에 있던 자 또는 고등계 사무를 취급했던 자, 군(軍)·헌(憲) 또는 경무국의 촉탁으로 있었던 자'로 한다.
4. 제5조 제1항을 삭제하여 제2호 중 '민족 운동이나 민족적 사업에 공헌이 현저한 자, 또는 개전의 정이 있는 자'는 그 형을 경감 또는 면제할 수 있게 한다.

5. 고등관의 관공리, 악질 군·경과 그에 아부한 자는 관공리에 임명할 수 없게 한다.

6. 공민권이 정지된 자는 그 기간 중 공무원, 관에서 임명하는 회사 관리인, 사회단체 임원, 출판물에 투고 또는 저작물의 발행·반포 등 직무에 종사하지 못하며, 위반자는 3년 이하의 징역에 처한다.

이 수정안은 다시 축조 심의에 들어가 ① 제1·2조 중 '그 재산의 전부 또는 일부'를 '그 재산 및 유산의 전부 또는 2분의 1 이상'으로 수정하며 ② 제3조에도 '사형'을 추가하며 ③ 제4조 제5호를 '독립을 방해할 목적으로 그 단체를 조직했거나 그 단체의 수뇌 간부로 활동했던 자'로 고치며 ④ 제5조에 '일제치하의 고등관 3급 이상, 훈(勳) 5등급 이상을 받은 관리 또는 헌병보, 고등경찰에 있었던 자는 본법의 공소시효 경과 전에는 공무원에 임용될 수없다. 단 기술관은 제외된다'를 삽입하는 등 내용이 수정된 후 1948년 9월 7일 제59차 본회의에서 표결에 붙여져 재석 141인 중 가(可) 103표, 부(否) 6표로 가결되었다.

진통에 진통을 거듭했지만 거의 만장일치의 다수결로 국회에서 통과된 '반민족행위처벌법'은 다음 날 정부로 넘겨져 국회 통과 15일 만인 9월 22일, 몇 가지 우여곡절을 거친 후에 대통령 이승만에 의해 공포되었다.

반민족행위특별조사위원회의 발족

전 국민의 관심의 초점이 되었던 반민족행위처벌법이 일부 친일세력들의 거센 반발에도 불구하고 난산 끝에나마 제정 공포되자 국회는 이 법률에 따라 곧 반민족행위의 예비조사를 담당할 반민족행위특별조사위원회의 설치를 서둘렀다.

국회는 1948년 9월 29일 김인식(金仁湜) 의원 외 19인이 긴급 동의한 대로 "반민족행위처벌법 제9조에 따라 특별조사위원회를 구성하자"는 동의안을 표결에 붙여 재석 145인 중 가 92, 부 1로 가결하고 위원 선임방법은 김웅진 의원의 동의를 채택, 도(道)별로 뽑아서 국회의 승인을 받도록 했다.

동 조사위원회를 구성하도록 규정한 반민법 제8조와 제9조는 다음과 같다.

제8조 반민족행위를 예비조사하기 위하여 특별위원회를 설치한다. 특별위원회는 10인으로 구성한다. 특별조사위원은 국회의원 중에서 좌기의 자격을 가진 자를 국회가 선거한다.

① 독립운동의 경력이 있거나 절개를 견수(堅守)하고
　성의 있는 자
② 애국의 성심(誠心)이 있고 학식·덕망이 있는 자
제9조 특별위원회는 위원장·부위원장 각 1인을 호선한
다. 위원장은 조사위원회를 대표하며 회의에 의장이 된
다. 부위원장은 위원장을 보좌하고 위원장이 사고가 있을
때에는 그 직무를 대리한다.

국회의 반민특위 구성결의에 따라 각 도 출신 국회의원들
은 각각 위원을 뽑아 1948년 10월 1일(제79차 본회의)과 10월
11일(제85차 본회의) 이틀에 걸쳐 국회 본회의에 통보하여 개
별적인 투표를 실시했다.
　그러나 10명 중 8명만이 선임되고 2명은 부결되어 10월
12일 재투표를 실시하기도 했다. 10월 23일에는 선임된 10명
의 조사위원이 첫 위원회를 소집하고 위원장과 부위원장도
뽑아 반민특위가 정식으로 발족되었다. 발족한 반민특위의
위원들은 다음과 같다.

위원장: 김상덕(金尙德, 경북)
부위원장: 김상돈(서울)
위원: 조중현(趙重顯, 경기) 박우경(朴愚京, 충북) 김명동(충

남) 오기열(전북) 김준연(전남) 김효석(金孝錫, 경남) 이종순 (李鍾淳, 강원) 김경배(제주 및 황해)

반민족행위특별조사위원회는 구성되었으나 10명의 위원단으로는 그 방대한 업무를 감당하기가 일의 성격상 너무나 벅찬 것이었다. 따라서 반민특위 김상덕 위원장은 실제로 조사업무를 담당할 기구를 만들기 위해 반민족행위특별조사기관 조직법안을 마련, 국회에 상정(10월 28일)하여 제112차 본회의(11월 24일)에서 통과시켰다.

김상덕은 "이 특별조사위원회의 임무를 수행하는 데 반드시 보조기관이 있어야 되겠다고 생각되는데 보조기관의 설치는 대통령령으로도 할 수 없는 것이므로 이 법안을 제출한다"고 설명했다. 이에 대해 법사위원장 백관수는 "법사위에서 심의한 결과 동 법의 설치는 인정하나 너무 방대하므로 실효를 거두기 위해 대안을 마련했다"고 법사위의 의견을 제시, 법사위의 수정안이 통과되었다.

반민족행위특별조사기관 조직법이 제정되자 반민특위는 중앙에 중앙사무국을, 각 도 조사부에 분국을 설치하고 그 이듬해(1949) 1월 12일과 2월 12일 두 차례에 걸쳐 도별 조사부 책임자도 선임했다. 선임된 도별 조사부 책임자는 경기 이기룡(李起龍), 충북 경혜춘(慶惠春), 충남 윤세중(尹世重), 전북 손

주탁(孫周卓), 전남 최종섭(崔鍾涉), 경북 정운일(鄭雲馹), 경남 강홍렬(姜弘烈), 강원 김우종(金宇鍾), 제주·황해 송창섭(宋昌燮) 등 10명으로 이들은 모두 직접·간접으로 독립운동에 참여한 애국지사들이었다.

특별위원회와 시·도별 조사부 책임자까지 선출한 국회는 반민법을 집행할 특별재판관 15인과 특별검찰관 9인 및 중앙 사무국의 조사관과 서기관을 다음과 같이 선임했다.

특별재판부

재판관장: 김병로(金炳魯, 대법원장)

제1부 재판장: 신태익(申泰益)

재판관: 이종면(李鍾冕) 오택관(吳澤寬) 홍순옥(洪淳玉) 김호정(金鎬禎)

제2부 재판장: 노진설(盧鎭卨)

재판관: 고평(高平) 신현기(申鉉琦) 김병우(金秉瑀) 김장렬(金長烈)

제3부 재판장: 이춘호(李春昊)

재판관: 서순영(徐淳永) 정홍거(鄭弘巨) 최영환(崔永煥) 최국현(崔國鉉)

특별검찰부

검찰관장: 권승렬(權承烈, 대검찰청장)

반민특위 조사부 책임자 회의를 마치고 촬영한 사진이다.
원 속 인물은 이용원으로 반민특위 조사관 겸 총무과장을 지냈다.
앞줄 왼쪽 일곱 번째가 신익희 국회의장,
그다음이 이범석 국무총리, 한 사람 건너 김병로 대법원장이다.

검찰관 차장: 노일환

검찰관: 서성달(徐成達) 이의식(李義植) 곽상훈(郭尙勳) 심상준(沈相駿) 김웅진 서용길(徐容吉) 신현상(申鉉商)

중앙사무국(총무과장 이원용李元鎔)

제1조사부(정치·경제 방면) 부장: 이병홍(李秉洪)

조사관: 하만한(河萬漢) 김제용(金濟瑢) 정진용(鄭珍容) 양회영(梁會英)

제2조사부(문화·교육 방면) 부장: 구연걸(具然杰)

조사관: 이양범(李亮範) 강명규(姜明圭) 서상렬(徐相烈) 이원용(李元鎔)

제3조사부(일반 사회 방면) 부장: 오범영(吳範泳)

조사관: 이덕근(李德根) 김용희(金容熙) 신형식(申亨植) 이봉식(李鳳植)

들끓는 찬반여론

한편 법률안이 국회에서 많은 논란을 거듭하면서 심의되는 동안 국회 밖에서는 지지와 반대로 국민여론이 갈라져 열띤 공방전을 벌였다. 지지하는 쪽은 민족진영을 비롯한 대부분 국민이었고 반대하는 쪽은 반민족행위처벌법이 제정되면 크게 다칠 친일세력 등이었음은 물론이다.

친일파·민족반역자를 처단하는 법을 만들자는 말이 국
회에서 나오게 되었는데 늦은 감이 없지 않다. ……이 땅
이 해방된 지 3년이 지난 오늘날까지 왜정에 아부하여 조
국을 팔아먹고 동포를 괴롭혔던 악질적 친일파, 민족반역
자를 처단하라는 국민의 부르짖음은 무시된 채 관리로서
미군정 아래 구석구석 파고들어 앉았으며 중요한 산업 부
문에 뿌리박고 들어가 조금도 양심의 가책을 받음이 없
이 뻔뻔스럽게 활개 치고 있지 않은가? 과번(過番) 입법의
원에서도 친일파·민족반역자 처단법을 만들기는 했어도
실행에 옮기지 못한 것은 유감천만이었는데 이제 우리 손
으로 뽑아 내세운 대변자 국회의원들이 문제를 들고 나선
것을 쌍수를 들어 환영하며 문서상의 처단법에 그치지 말
기를 부탁하는 바다(1948년 8월 7일 자 『경향신문』 논설).

특히 반민족행위처벌법 제정을 적극적으로 지지하는 신문
이나 사회단체·청년단체·학생단체들의 성명서는 건국 전야
(8월 14일)에 쏟아져나왔는데, 그 내용들은 "국가의 주권을 회
복하는 성스러운 마당에 무엇보다도 귀중하고 필요한 것은
민족정기의 앙양이다. 그러므로 친일파 반역자 처단법안은

친일파 명단을 공개하라고 시위 중인
이북5도민회 중앙연합회 회원들의 모습이다.
친일파 청산 실패는
우리 현대사의 잘못 낀 첫 단추다.

관용·과자비(過慈悲)에 치중할 것이 아니라 어디까지나 추상열일(秋霜烈日)의 엄격한 방침 아래 단행될 것을 강조한다"는 것들로 친일파들을 하루빨리 엄단하라는 강경한 논조였다.

이러한 국민여론과는 반대로 반민법 제정에 불안과 공포를 느끼고 있던 친일세력들도 가만히 앉아만 있지는 않았다. 친일세력들은 풍부한 재력을 동원하고 온갖 지모와 수단을 다 짜내 반민법의 제정을 반대하거나 동 법을 제정하는 데 앞장선 국회의원들을 공산당으로 몰아붙이는 등 끈질긴 방해공작을 시도했다. 이러한 친일세력 중 가장 대표적인 인물이 당시 『대한일보』를 운영하던 이종형(李鍾滎)이었다.

이종형은 일제 시 만주에서 일경의 촉탁으로 애국 독립투사들을 검거하는 데 수훈을 세웠다는 죄목으로 후에 반민특위에 검거된 인물이었다. 이종형은 자기가 경영하던 『대한일보』에 "소급법을 만들어 친일파·민족반역자를 처단하려는 것은 공산당을 즐겁게 하는 처사"라고 억지 주장을 펴면서 친일 및 극우단체들을 모아놓고 서울운동장에서 법 제정 반대시위를 벌이기도 했다. 또 그해 8월 27일에는 반민법의 심의가 한창 벌어지고 있는 국회 본회의 방청석에 "국회에서 친일파를 엄단하라고 주장하는 자들은 빨갱이"라고 쓴 전단이 뿌려지기도 했다.

이들 친일세력들의 방해는 그 후 반민법이 발효되고 반민특위가 활동을 개시한 이후에도 계속되어 결국 반민특위의 활동을 위축시키는 결정적인 요인이 되기도 했지만, 반민법을 제정할 당시만 해도 새바람을 일으키겠다는 민족의 거센 물결을 막을 만큼 큰 힘은 없었다.

이승만과 반민법

초대 대통령에 추대된 이승만과 친일파 숙청작업을 수행했던 반민행위특별조사위원회의 관계는 심하게 표현하자면 견원지간이었다. 건국 초기만 해도 이승만은 국민들의 인기 면에서나 독립운동 경력과 지도력 등에서 탁월한 위치에 있었던 것은 재론의 여지가 없지만 국내에 정치적 기반이 없는 것이 커다란 약점이었다. 이에 비해 상해임정 세력을 이끌고 환국한 김구는 항상 이승만을 위협하는 커다란 정치세력이었으며, 김성수를 비롯한 국내파, 즉 한민당 계열도 이승만에게는 만만찮은 라이벌이었다. 이러한 약점을 안고 있던 이승만이었기 때문에 그는 초대 대통령에 당선되기는 했지만 항상 정치적으로 불안을 느끼지 않을 수 없었다. 그래서 이승만은 자기의 정치적 기반을 구축하기 위한 방편의 하나로 일제 시 관직에 등용되었던 친일관료들을 하나둘씩 포용, 정부의 요직에 기용했다. 이것은 자기의 정치세력을 구축하는 길이기도 했으며 관료 출신들의 행정기술을 바탕으로 건국 초기의 무질서한 행정체계를 바로잡는다는 효과도 노린 것이었다.

따라서 정부 수립 후 국회 내에서 반민족행위자를 처벌하기 위한 특별법을 제정하라는 발의가 일자 자기 밑에 친일관료들을 거느리고 있던 이승만으로서는 자연히 친일파와 반민족주의자들을 처벌하자는 정치세력을 견제하지 않을 수 없었다.

이렇게 되자 민족반역자들을 처단하여 신생 국가의 기틀을 튼튼히 하고 민족의 정기를 바로잡겠다는 국회와 이승만 사이에는 친일파 처단문제를 놓고 커다란 견해의 차이가 드러났으며 반민법의 제정 때부터 반민특위 활동이 끝날 때까지 국회와 정부는 반목과 견제와 방해의 공방전을 계속했다.

이승만이 반민족행위처벌법 제정에 처음 견제구를 던진 것은 국회가 반민법안 기초위원회에서 법률안을 제출받아 심의에 착수한 3일 후인 1948년 8월 19일, 김인식 의원 외 11인의 이름으로 제출된 정부 내 친일파 숙청에 관한 건의안이 국회에서 통과된 직후였다. 이날 제44차 국회 본회의가 열리자 김인식은 다음과 같이 주장했다.

신국가를 건설하며 신정부를 조직함에 있어서 정부는

모름지기 친일파 색채가 없는 고결무구(高潔無垢)한 인사를 선택하여 국무위원 및 기타 고관에 임명함으로써 민족적 정기를 앙양하여 민심을 일신함이 당연함에도 불구하고 근일 정부가 국무위원 및 고관을 임명함에 있어 대일협력자를 기용함은 신국가 건설의 정신을 몰각한 부당한 조치라 규정하지 않을 수 없다. 그 예로 국무위원 중 1942년 4월 교동초등학교 사건의 황민화 운동을 적극적으로 추진한 자, 조선어 폐지 반대를 고창하던 다수 애국지사를 일제에 밀고하여 영어(囹圄)에서 신음케 한 자도 있으며, 대동아전쟁 시에 일본 군부에 물품을 헌납 아부하여 치부를 한 자도 있으며, 조선총독부의 고관이었던 자 또는 문필로 일제에 협력했던 자들이 장 혹은 차석·차관에 감(鑑)하여 이들을 숙청할 것을 건의한다.

김인식의 '정부 내 친일파 숙청 건의안'은, 임용을 규제하고 간단한 법을 제정하자는 의견, 숙청은 헌법 위반이라는 반대의견, 정부를 탄핵하자는 주장 등이 나왔으나 원안대로 통과되었다. 이와 같이 반민법과는 별도로 정부 내 친일파를 숙청하라는 건의안이 통과되고 국회특별조사위원회가 구성되자 이를 못마땅하게 여기던 이승만은 국회에서 이 건의안을 통보받고도 이를 무시하다가 국회의 재촉이 심해지자 법제처

『경향신문』 1948년 9월 23일 자 기사로
이승만 대통령이 반민특위를 싫어한다는 내용이다.
실제로 친일파를 많이 중용한 이승만은
반민특위 활동을 어떻게든 방해하려 했다.

장 유진오(兪鎭午)를 정부 측 조사위원으로 선정했다. 유진오를 정부 내 친일파 숙청을 위한 정부 측 조사위원으로 통보받은 국회는 즉각 국회를 경시하는 처사라고 비난하고 이승만의 국회출석 동의안을 내는 등 크게 반발하고 나섰으며, 이 사건은 국회와 행정부 간의 첫 충돌로 기록되기도 했다. 국회가 정부의 처사에 크게 반발한 것은 정부 측 조사위원으로 통보된 유진오도 숙청 대상에 올라 있었기 때문이었다. 그 후 김인식을 위원장으로 한 10명의 국회특별조사위원회는 별다른 실적을 올리지 못하고 다만 법제처장 유진오, 초대 교통부 장관 민희식, 상공부 차관 임문환(任文桓) 등이 정부 내 친일파라는 조사결과를 국회에 보고하고 활동을 마무리 지었다.

이승만의 반민법 개정작전

　반민특위에 대한 이승만의 견제는 그 후에도 계속 끊이지 않아 기회가 있을 때마다 특별담화를 발표하거나 특위 위원들에게 직접 압력을 가하는 등 노골화해갔다. 반민특위가 반민법 해당자들에 대한 검거활동을 개시하자 이승만은 1949년 1월 10일 반민법 발동에 즈음하여 공정하고 냉철히 처리할 것을 요망한다는 첫 담화를 발표했다.

우리가 우리의 힘으로 주권을 회복했다면 이완용(李完用), 송병준(宋秉畯) 등 반역 원괴(怨傀)를 다 처벌하고 공분을 씻어 민심을 안돈(安頓)케 했을 것인데 그렇지 못한 관계로 또 국제 정세로 인하여 지금까지 실시를 연기하여왔으나 국권을 찾고 건국하는 오늘에 있어서는 공분도 다소 풀리고 형편도 많이 달라졌고 또 부일협력자의 검거 심사 등 질이 심상한 법안이 아닌 만큼 그 죄를 범하게 된 근본적 배경과 역사적 사실을 냉철하게 참고하지 않고는 공정히 처리하기 어려움이 오늘 우리의 실상이다. 지금 국회에서 이를 해결하기로 진행 중이니 그 제정된 조리(調理)와 선임된 법관으로 이 중대한 문제가 영구히 그릇됨이 없이 해결되어야 할 것이다. 원래 죄범을 처벌하는 큰 뜻이 오직 그 죄를 징계함으로써 다시는 범법자가 없게 하고 순량(淳良)한 국민을 보호함에 있으니 반민법의 정신은 반드시 이를 주장으로 삼아야 할 것이고 또 이 법률을 집행하는 모든 법관들도 이를 주장 삼아 일절의 편협을 초월하고 명확한 사실과 증거를 거울 삼아 그 경중과 실정에 따라 오직 법에 의거하여서만 처단할 것이니 조금이라도 소홀히 생각하여서는 안 될 것이다. 이에 대해 한 가지 중대히 생각할 것은 우리가 건국 초창(初創)에 앉아서 앞으로 세울 사업에 더욱 노력하여야 할 것이요,

지난날에 구애되어 앞날에 장해되는 것보다 과거의 결절(缺節)을 청쇄함으로써 국민의 정신을 쇄신하고 국가의 기강을 밝히기에 표준을 두어야 할 것이니 입법부에서는 사법부에서 왕사(往事)에 대한 범죄자의 수량을 극히 감축하기에 힘쓸 것이오. 또 증거가 불충분할 경우에는 관대한 편이 가혹한 형벌보다 동족을 애호하는 도리가 될 것이다.

이 담화문이 발표되자 반민특위는 즉각 반발했다. 특위 부위원장 김상돈은 즉각 기자회견을 열고 "누구든 막론하고 특별조사위원회의 처사에 간섭하지 못할 것이며 또 간섭할 필요가 없다"고 논박하고 반민법 해당자에 대한 검거의 고삐를 늦추지 않았다. 반민특위는 이승만의 담화가 발표된 이후에는 오히려 검거활동에 박차를 가하는 듯했다. 즉 특위의 검거의 손길이 경찰에까지 뻗치기 시작한 것이다.

이쯤 되자 치안유지와 공산당 타도에 역점을 두었던 이승만으로서는 보고만 있을 수 없었다. 이승만은 당시 수도청(서울시경 전신) 고문치사 사건의 주범으로 수배를 받고 있던 전(前) 수사과장 노덕술이 1월 26일 반민특위에 체포되자 그 이튿날 특위 위원장 김상덕 등 6명의 특위 위원을 불러 노덕술을 석방할 것을 종용하고 나섰다. 당시 이승만은 노덕술의 체포로 시작된 현직 경찰에 대한 특위의 검거활동이 심히 못마땅했던 것 같다. 이승만의 석방종용은 완전히 반민특위의 권위와 신성한 법률을 무시한 처사였다.

이승만이 반민특위에 노덕술의 석방을 종용한 이유는 노덕술이 해방 이후 군정 경찰에 투신, 치안유지에 힘써온 경찰의 큰 공로자라는 것이었으나 그것은 표면상의 이유였을 뿐 반민특위를 그대로 놔두면 앞으로 더 많은 경찰 간부가 걸려들 것이기 때문이었다. 노덕술은 이미 반역행위를 한 반민법 해당자였다. 따라서 김상덕은 이승만이 아무리 국가원수의 자리에 있어도 법에 따라 체포한 범법자를 풀어줄 수 없으며 이승만의 처사는 엄연한 법률 위반이라고 반박, 노덕술의 석방을 거부했다.

이렇게 되자 이승만은 2월 2일 반민특위의 활동이 헌법 위반이라는 내용의 두 번째 담화문을 발표하여 반민특위의 활동에 찬물을 끼었었다. 「반민법 실시에 대하여」라는 제목으로 발표된 담화문은 이러하다.

반민법에 대하여 국회에서 법안을 통과하고 적극적으로 집행하려 하는 고로 정부에서 협조하여 속히 해결되기를 기다렸으나 지금 보면 심히 우려되는 형편이므로 1월 27일 국회에 반민법에 관한 조사위원들을 청하여 토의한 바 있었는데 조사위원들은 비밀리에 조사하여 사법부에 넘기면 사법부와 행정부에서 그 책임을 진행하여 처단해야 할 것인데 일을 혼합하여 행하게 되면 삼권분립을 주장하는 헌법과 위배되는 것이니 조사위원들은 조사만에 그치고 검속과 재판의 집행은 사법과 행정부에 맡겨서 헌법 범위 내에서 진행시켜 정부와 국회의 위신을 보존하여 반민법안을 단속한 시일 내에 끝마치도록 할 것이다. 조사는 속히 비밀 속에 하여 범죄자가 몇 명이 되든지 다 연록(連錄)하여 검찰부로 넘겨 재판을 하여 귀정(歸正)을 낼 것인데 만일 그렇지 않고 며칠 만에 한 명 두 명씩 잡아 1년이나 2년을 끌게 되면 치안상 크게 관계될 것이니 그 조사를 일에 진행토록 함이 가할 것이다. 지금 반란분자와 파괴분자가 각처에서 살인·방화를 하며 인명이 위태하고 지하공작이 긴밀한 이때 경관의 기술과 성격이 아니면 사태가 어려울 것인데 기왕에 범죄가 있는 것을 들춰내서 함부로 잡아들이는 것은 치안확보상 온당치 못한 일이다. ……

이와 같이 이승만이 헌법 위반 운운하며 반민특위 활동을 못마땅해한 담화문을 발표하자 반민특위는 특위활동을 위축게 하여 행정부 내의 반민법 해당자를 비호하려는 저의를 드러낸 것이라고 반박하고 부위원장 김상돈의 이름으로 반박성명을 발표했다.

　　대통령 담화 중 반민특위 위원에 대한 권고와 국회의원에 요청한 담화는 반민법 운영에 대하여 적지 않은 혼란을 일으킨 점에 비추어 큰 유감이다. 반민족자를 처벌하는 특별법이 역력히 헌법에 규정되어 있는 이상 특별법에 의하여 처단함도 당연한 일일 것이다. 대통령은 신속과 비밀을 주장했으나 민족정기라는 산 교훈을 가르쳐주기 위해서는 체포로부터 판결에 이르기까지 공개할 필요가 있다. 또 신속히 진행하라는 데 대해서는 오히려 책임감을 느끼고 반성하기를 요망한다. 예산 면에서 보아 청사나 교통편이나 기타 등등에 있어 속히 진행되도록 얼마만 한 협력이 있었던가. ⋯⋯

　　이승만과 반민특위가 서로 비난과 반박을 주고받는 반목이 벌어지는 판국에 2월 10일에는 공보처가 반민법에 따른 행정부 내의 각 기관에 대한 조사는 법 해석에 이견이 있고 대통령 담화도 발표되어 조사를 중지한다고 발표했다. 즉 총무처는 행정부 내의 모든 공무원에 대한 조사를 해달라는 반민특위의 요청을 받고 1월 27일 각 부처 각 시도에 반민자 조사를 지시한 바 있는데 이를 중지한다고 공보처가 발표한 것이다.

상황이 이렇게 되자 이승만은 2월 12일 긴급 기자회견을 열었다.

이 문제는 애당초 부 내 사무처리의 착오에서 온 것이다. 대통령이 총무처에 조사절차를 어떻게 하면 좋겠는가 하고 문의했던바 총무처가 이를 잘못 알고 공문서로 행정부 각 기관에 조사를 지시한 것이다. 그런데 그 공문서 가운데는 대통령이 하지도 않은 말이 있어서 그 경위를 조사하고 있는 중이다. 지금 비서실(대통령)에서 잘못되었는지 총무처에서 잘못되었는지를 조사하라고 한 것이다. 그런데 여기서 이 말이 또다시 잘못 전달되어 공보처에서는 조사를 중지하게 되었다고 발표를 한 것이다.

이에 대해 국무총리 이범석도 "지난 1월 27일 총무처에서 발표한 대통령 지시라 하여 반민법 제5조에 해당한 공무원 조사를 행하도록 각 부처, 도지사급 기타 관계 당국에 통첩했다는 것은 반민족행위특별조사위원회의 요청에 대하여 어떻게 진행할 것인지를 보고하라는 대통령의 지시와는 상위된 것이므로 방금 그 진상을 조사 중이며 이 사실에 대한 10일부 발표도 역시 대통령의 지시와는 상위되었으므로 각 당국 요로

나 일반은 오해가 없기를 바라는 바이다"라는 해명을 하고 나섰다.

그러나 이와 같은 해명으로 반민특위의 반발을 무마할 수는 없었다. 더구나 이승만이 처음부터 반민특위 활동에 쐐기를 박아온 것을 알고 있는 반민특위로서는 더 이상 이승만과 이범석의 해명을 액면 그대로 받아들일 처지가 아니었다. 반민특위는 공보처의 발표를 즉각 다음과 같이 비난했다.

> 정부의 관공리는 충실한 공복이라는 것이 민주국가의 원칙인데 친일파에 속하는 자가 공복이 될 자격이 있는가? 일제시대에 충실했던 공복은 새 나라 건설과 민족정기를 바로잡는 금일에 있어 일소하는 것이 정당한데 무엇이 배치(背馳)되므로 반민 해당자 조사를 중지하는가. 반민법 운영에 대하여 의혹을 사는 공보처장의 담화는 유감을 금치 못하는 바이다.

특위는 또 위원회를 소집, 이에 대한 대책을 논의한 끝에 이번에야말로 정부의 태도와 의도를 철저히 따져야 한다는 의견을 모으고 특위가 국회에 소속된 기관이니만큼 국회에 보고할 것을 결의했다.

그리하여 특위 위원장 김상덕은 2월 12일 제29차 국회 본회의에 정부가 사사건건 특위활동에 참견하고 나서서 반민특위 활동의 위축을 시도하기 때문에 반민특위가 조사활동을 하기가 매우 어렵게 되었다는 애로사항을 보고하고 국회가 적절한 대책을 세워줄 것을 요청했다. 김상덕에게 보고받은 국회는 대통령 자신이 서명 공포한 법률에 따라 법을 집행하는 것을 행정부로서 협조하지는 않고 은근히 방해한다는 것은 있을 수 없는 처사라고 비난하고 대통령을 출석시켜 철저히 따져야 한다고 주장했다. 그러나 국회에서 이승만의 출석요구는 논란 끝에 국무총리와 총무처장의 출석으로 후퇴하여 행정부의 답변을 듣기로 했다.

이와 같이 국회가 이 문제를 놓고 행정부에 대한 반박의 포문을 열자 국회의 동정을 예의 주시하던 이승만은 은밀히 반민법 개정작업을 서두르는 한편 15일에는 반민법 개정의 필요성을 주장한 다음과 같은 내용의 담화문을 발표했다.

　　근자 조사위원회에서 진행되는 것은 조사위원 2, 3인이 경찰을 데리고 다니며 사람을 잡아다가 구금 고문한다는 보도가 들리게 되니 이는 국회에서 조사위원회를 조직한 본의도 아니요 정부에서 이를 포용할 수도 없는 것이므로 대통령령으로 검찰청과 내무부 장관에게 지시해서 특경대를 폐지하고 특별조사위원들이 체포 구금하는 것을 막아서 혼란상태를 정돈케 하라 한 것이다. 이 반민법안을 국회에서 정하고 대통령이 서명한 것이니까 막지 못한다는 언론에 대해서는 가장 중요한 문제가 첫째로 치안에 대한 관련성이니 이것이 상당한 법안이라 할지라도 전국 치안에 관계될 때에는 임시로 정지하는 것이 마땅한 일이며 또 이 법을 정할 적에 국회에서나 대통령이 조사위원들에게 권리를 맡겨서 행정부·사법부의 일까지 맡아 가지고 2, 3인이 마음대로 사람을 잡아다가 난타·고문하라는 문구나 의도는 없는 것이니 즉시 개정하는 것이 옳을 것이다. 정부는 본법을 즉시 개정토록 법제처에 지시하여 이미 개정안을 국회에 제출했으며 우선 특별조사위원 등의 과도한 행동을 금지키로 한 것이다.

이승만의 2·15특별담화는 국회와 반민특위는 물론 사회에 커다란 충격을 던져주었다. 담화문이 발표된 이튿날(2월 16일) 오전 10시 45분 제32차 국회 본회의가 열리자 특위 부위원장 김상돈과 특별검찰관 노일환 등은 "대통령의 담화는 행정부 내의 친일파를 비호하려는 저의를 드러낸 것"이라고 규탄하고 도대체 일국의 대통령으로서 법률에 따라 운영되는 국회의 특별활동을 마음대로 잡아들인다는 등 모략을 한다는 것은 국회를 모독하는 행위라고 흥분했다.

이날 회의에서 김동준(金東準) 같은 이는 "반민법을 가지고 정부를 괴롭히고 국회 위신을 조락(凋落)시키고 있다"고 정부를 옹호하다가 망신을 당하기도 했다. 결국 국회는 "정부로부터 정식으로 발표된 공문(담화문)을 제출받은 다음에 17일 국회를 속개하여 대통령 이하 전 국무위원을 출석시켜 경위를 따지자"는 최운교(崔雲敎) 의원의 동의를 만장일치로 가결하고 산회했다. 이승만의 담화문 발표는 특히 반민자의 조사활동을 직접 수행하는 반민특위의 분노를 끓어오르게 했다. 평소 과묵하고 고결한 성품의 김상덕까지도 흥분을 삭이지 못하고 반민특위 위원장의 이름으로 강경한 논조의 반박성명을 발표했다.

대통령 담화의 모순을 헌법과 반민법의 조문을 인용하여 반박코자 한다. 현재 반민법 운영은 삼권분립의 헌장과 모순된다고 했다. 반문하오니 과거나 현재를 막론하고 반민족행위처벌법이란 특별법 이외에 반민자를 처단하는 다른 법률이 우리나라에 또 있는가. 다른 법이 있다면 명시하기 바란다. 입법부인 국회는 반민법이란 특별법을 제정하고 따라서 이 반민법에 의거하여 특조위, 특재, 특검, 특별조사기관 조직법 및 특재부 부속기관 조직법 등이 제정된 것이다. 이러함에도 불구하고 대통령 자신이 궤변으로써 헌법을 무시하고 삼권을 독점하려는 의도에서 민심을 혼란케 하고 반민법 운영을 고의로 방해하는 담화문을 발표하니 이 어찌 통분치 아니하랴.

다음, 치안에 중대한 영향을 준다 했으니 대통령은 항상 반민법 운영과 치안을 관련시켜 치안의 책임을 특위에 전가시키려는 듯하다. 국민은 속지 않는다. 반민법이 공포된 후에는 윤치영 전 내무장관이 재직 시 악질 경관을 요직에 등용했음은 대통령이 지시했던가.

다음은 고문 운운인데 대통령은 자비심이 많아서 이 같은 발표로 덕망을 얻고자 하는가. 국민을 독선적으로 해석하고 만사를 추상적으로 해석하여 대통령의 담화나 명령이면 통한다고 자인한다면 이 이상 더 큰 망발과 위험은 없는 것이다. 대통령은 특위에서 체포하는 것을 위법같이 말했으나 특위는 반민법 제16조에 조사관은 체포와 취조를 할 권한이 부여되어 있다는 것을 알아야 한다. 특위는 법에 정한 대로 반민법을 운용할 뿐이고 대통령이 말하는 월권행위는 없다는 것을 단언한다.

난타·고문 운운은 사실무근이고 당시에 대통령 담화로서 처음 듣는 말이다. 소위 세칭 살인·고문 사건 피의 장본인 노덕술은 검찰 당국이 체포하도록 발언하고 요로 당국자의 집을 출입하여도 반대로 보호하지 않았던가. 특위에서 체포한즉 요로 당국자는 노의 석방을 간청하지 않았는가. 이러함에도 불구하고 난타·고문 운운을 언급할 수 있는가.

　일반 국민은 정부에서 친일 반민자를 처단치 않고 옹호하는 것을 민족정기와 분노로써 감시하고 있다는 것을 명심하라.

17일에는 대법원장이며 반민특위 특별재판관장인 김병로까지 반민특위의 활동은 적법한 것이라고 두둔하고 나섰다.

　대통령 담화의 취지는 반민법 자체가 헌법정신에 위배되니까 수정하라는 의미라고 해석되는데, 조사위원회는 조사를 끝마치고 특별검찰부에 넘겨 특별재판에 회부하라는 것으로 안다. 그런데 명령이나 규칙이 법률에 위반되느냐 안 되느냐 하는 것은 대법원에서 최종심리를 할 수 있다. 또 법률이 헌법에 위반되느냐의 여부는 그 문제가 어떤 사건을 판정할 때 전제조건이 되는 경우 헌법위원회에 그 문제를 판단할 것을 요구해야 한다. 대법관 5인은 헌법위원회에 참석하기로 되어 있으나 본인으로서는 이와 같이 중대한 문제를 헌법위원회에서 심의하기 전에는 말할 수가 없다.

그리고 대통령 담화 중 특경대 해체와 조사원의 체포 중지라는 것은 특별법을 수정할 것을 요망하는 의미하에 서 말한 것으로 생각된다. 그렇더라도 반민법이 존속하는 한 특위에서 반민법에 의하여 행동하는 것은 불법이 아니 라고 생각하며 특별법 개정 여하는 국회에서 결정할 사항 이므로 무엇이라고 의견을 말할 수 없다.

또 이승만의 담화가 나오자 직접 반민자들을 조사하고 검거 된 피의자들을 취조해온 반민특위 제1조사부장 이병홍도 반 박성명을 냈다.

반민법 개정을 요청한 15일의 대통령 담화는 그 내용이 너무나 우리들의 상식과 상위되므로 지금 다시 신중히 그 진부를 확인하기 전에는 아직 대통령이 그러한 담화를 발 표했다고 믿고 싶지 않다.

일국의 의원들로서 국회에서 결정하고 대통령 자신이 서명 공포한 법률이 아직 때도 묻기 전에 조변석개(朝變夕 改)한다면 그 나라의 장래가 어떻게 될 것인지 생각만 하 여도 심히 유쾌치 않은 노릇이다. 더욱이 반민법은 민족 의 정의를 세계와 후손에 밝히는 것으로 말이 법률이지 그 법률을 일종의 민족적 성전(聖典)으로 생각하고 이 법률을 발동할 때는 언제나 옷깃을 바르게 하여 경건하고 엄숙한 태도를 가지는 것이다. 이 감정은 3,000만 국민이 동일하게 가지고 있으리라고 믿는다. 그러한 법률을 대통령이 만일 개정을 요청했다면 우리는 참으로 이것을 중대시하고 경악과 충동을 금치 못할 것이다. 흔히 와전도 많은 세상이니 조금 기다려보기로 하자.

더욱이 고문 운운은 민족반역도배의 허위 날조하는 도청도설(道聽塗說)로서 이 근거에 의하여 부화뇌동한다는 것은 상상할 수 없는 것이다. 이 한 가지 점만으로 보더라도 이번에 발표된 담화는 사실이 아니기를 바란다.

이와 같이 국회는 물론 사법부, 반민특위 등이 한결같이 이승만의 담화를 반박하면서 반민법 개정의 부당성을 지적하고 나섰으나 이승만으로서는 조금도 자기의 주장을 꺾지 않고 담화를 발표한 15일 오후 국무회의를 소집한 후 법제처에서 성안한 반민족행위처벌법 개정안을 의결, 국회에 제출했다. 「법률 제3호 반민족행위처벌법 일부 개정의 건」의 주요 골자는 다음과 같다.

첫째, 동법 제5조가 '일본 치하에서 고등관 3등급 이상, 훈 5등 이상을 받은 관공리 또는 헌병, 헌병보, 고등경찰의 직에 있던 자는 본법의 공소시효 경과 전에는 공무원에 임명될 수 없다'고 규정하고 있는 것에 '……있던 자로 악질의 행위를 한 자를……'이란 한계 규정을 삽입했다.

둘째, 제20조가 '특별재판부에 특별검찰부를 병치한다'고 규정한 것을 '특별검찰부는 대검찰청에 부치한다'로 고쳤다.

셋째, '조사위원, 특별재판관, 특별검찰관은 국회에서 선거하여 대통령이 임명하기로 한다'는 새 규정을 추가했다.

한마디로 대통령이 반민특위의 활동에 직접 관여하겠다는 의도와 가능한 한 행정부 내의 반민특위 해당자들을 처단하지 못하도록 법률로 규정함으로써 그들을 보호하겠다는 저의를 드러낸 것이었다. 이승만은 개정안을 통과시키기 위해 그해 2월 18일에는 경무대로 국회의장 신익희와 대법원장 김병로를 불러들여 소위 3부 수뇌회담을 열고 반민법 개정의 필요성을 역설했다. 반민법의 개정을 정치적으로 성공시키려는 작전이었다. 그러나 신익희나 김병로에게 아무런 지원도 약속받지 못했다. 한편 국회는 2월 22일 정부가 제출한 반민법 개정안에 대한 정부 측 설명(백한성白漢成, 법무차관)을 들은 다음 법사위의 심의를 거치지 않고 곧바로 심의에 착수했으나 대통령의 국회출석을 요구하라는 논의가 일어 다음 날로 심의를 미뤘다.

23일의 제38차 국회 본회의에서도 대통령의 국회출석문제를 놓고 논쟁을 벌였으나 국무총리의 출석으로 양해하자는 온건론이 채택되어 이범석이 관계 장관과 함께 국회에 출석, 정부 측 입장을 설명했다. 이범석은 "정부가 반민법을 개정하려는 것은 공산당의 테러가 격화되고 사회가 안정되지 않은 이때 반민특위의 활동으로 인한 다소의 부작용이 있는 것으로 판단되므로 이를 미연에 방지하려는 것이지 반민특위 활동을 정면으로 거부하려는 것은 아니다. 국회도 정부의 입장을 신중히 고려하여 반민법 개정안을 심의하여주길 바란다"고 설명했다. 그러나 2월 24일 속개된 국회는 정부의 반민법 개정안을 1독회만 끝내고 부결시켜 이승만에게 정치적인 패배를 안겨주었다.

국회의 자가당착

반민특위가 국민들의 열렬한 성원 속에서 활발하게 조사활동을 전개하게 되자 국회 내에까지 침투했을지도 모르는 반민법 해당자들도 조사해야 된다는 논의가 일어난 것은 당연한 귀결이었다. 물론 이 문제는 반민특위가 본격적인 활동을 개시하기 전부터 논의되어온 것이었지만, 차일피일 뒤로 미루다가 본격적으로 반민특위에서 논의된 것은 행정부 내의 반민법 해당자를 조사 보고하도록 통고한 직후인 1949년 2월 11일이었다. 이날 중앙청 회의실에서 특위, 특재, 특검 등 반민특위 3개 기관 연석회의를 끝낸 특위 위원들 사이에 자연스럽게 국회 내의 반민법 해당자에 대한 숙청문제가 거론되었다.

국회 내에 반민법 해당자가 있다는 소문이 국민 사이에서 나돌고 있으니 이를 철저히 가려내어 법의 심판을 받도록 해야 한다는 의견은 반민특위 내의 강경론자들이었으며, 그런 소문만 믿고 공개적인 조사를 하면 국회의 권위와 위신을 손상시키고 국회의 힘을 스스로 약화시킬 우려가 있다고 신중론을 편 것은 특위 내의 온건론자들이었다. 그러나 당시 반민특위에는 이미 국회의원 중 반민법 해당자가 7, 8명이나 된다는 투서가 들어와 있었으며, 일단 투서를 받은 이상 이의 처리를 무작정 미룰 수는 없는 노릇이었다. 위원장 김상덕은 "국회뿐만이 아니라 어느 곳에든지 반민법 해당자가 없었으면 그 이상 좋은 일이 없겠으나 불행히도 투서나 기타 문서 조사에서 나타난 것을 볼 때 국회 내에도 해당자가 있는 것으로 안다"고 밝히고 특위가 대외적으로 엄정한 활동을 한다는 것을 보여주기 위해서라도 국회의원들을 조사할 뜻을 비쳤다.

그리하여 국회 징계위원회는 약 3주일 동안 모든 국회의원들에 대한 신상조사를 실시했는데, 그 결과는 반민특위에 투서가 들어온 7, 8명의 국회의원 중에는 "반민법 제5조 해당자는 단 한 명도 없다"는 것이었다. 국회는 조사결과를 반민특위에 통보해주었으나 국회 안팎에서는 그 후에도 심심찮게 국회 내 반민법 해당자 유무에 대한 논란이 계속되었다. 3월 17일 소집된 제56차 국회 본회의에서도 이 문제가 다시 거론되자 신익희 의장은 국회 내에 반민법 제5조 해당자가 없다고 답했다. 이에 대해 국회 부의장 김약수(후에 국회 프락치 사건으로 구속)는 3월 19일 반민특위 사무실을 예방하고 다음과 같이 촉구했다.

국회 내부에는 상당수의 반민법 해당자가 있는데도 국회 내에는 반민법 제5조 해당자가 없다고 주장하는 것은 국민들의 의구심을 조장하는 것이다. 무슨 일이든지 자후타박(自厚他薄)은 금물이다. 특위활동이 상당한 범위까지 확대되어 그 사회적 영향이 큰 마당에 국회 내의 반민법 해당자에 대해서는 손을 안 대는 이유는 무엇인가. 반민법은 결코 제5조만으로 된 것은 아니다. 제5조 해당자가 전무하다고 해서 반민법 해당자가 없는 것은 아니지 않은가. 특위는 앞으로 능동적이고 적극적인 활동으로 국회 내부의 숙청을 단행해야 한다.

친일세력의 방해공작

반민특위 활동은 출범 당시부터 이승만 행정부는 물론 사회 각 분야에 뿌리박고 있던 반민법 해당자들의 끈덕진 견제와 도전을 받아왔다. 일제에 아부하여 엄청난 재산을 모아 해방 후에도 막강한 재력을 바탕으로 경제계를 움직이고 있던 친일 기업가들이 경찰은 물론 정계 요로에 기용되었고 광범위한 정보조직을 가지고 있던 경찰 및 관료들은 기회가 있을 때마다 치밀한 방해공작을 폈던 것이다. 그들의 방해공작은 반민특위 간부들에 대한 중상모략은 물론 데모 선동, 전단 살포, 테러 등 여러 가지 형태로 나타났다. 그중 하나가 반민특위 부위원장 김상돈에 대한 공격이었다. 즉 김상돈도 일제에 협력한 친일파의 한 사람이었다는 놀랄 만한 정보의 폭로였다.

김상돈이 일제에 협력했다는 정보는 친일파들에 대한 반민특위의 검거선풍이 자기들 주변에까지 휘몰아치자 특위의 기를 꺾어놓으려던 경찰의 안간힘의 소산이었다. 경찰은 서울 시경 정보과장 최운하(崔雲霞)가 중심이 되어 은밀히 반민특위 간부들의 신상을 조사하여 그들의 약점을 캐고 있었다. 경찰은 김상돈이 일제 말기 서울 마포구 서교동 등에서 총대(總代), 즉 지금의 통반장을 하면서 일제의 황민화 운동의 중심기관이었던 『매일신보』보급에 적극적으로 협조했다는 정보를 입수했다. 이 정보는 이들에게 놓칠 수 없는 훌륭한 무기였다. 경찰은 이를 이승만에게 보고했으며, 이승만은 김상돈의 친일 부역설을 반민특위를 공격하는 최대의 무기로 삼았다. 바로 국회 내의 반민법 해당자들도 철저한 조사를 받아야 한다는 자가 숙청론이 국회 내에서 일어나던 때였다.

이승만은 국회의장 신익희와 반민특위 위원장 김상덕을 불러 김상돈이 과거 친일활동을 했다고 통고하고 반민특위가 공평해야 하지 않느냐고 따졌다. 이와 같은 사실이 항간에 나돌자 3월 19일 열린 제58차 국회 본회의에서 이승만계의 박준(朴峻) 의원이 김상돈의 친일설을 폭로하고 그를 반민특위 부위원장직에서 해임시켜야 한다는 해임동의안을 긴급 발의했다. 그렇지 않아도 국회 내에 반민법 해당자가 있다 없다로 한창 소란했던 국회로서 더구나 반민특위로서는 김상돈의 친일 부역설은 충격적인 것이었다.

이날 국회 본회의는 김상돈의 반민특위 부위원장직 해임동의안을 놓고 격한 토론을 벌였다. 정준(鄭濬) 의원은 반대토론에 나서 반민자에 대한 처벌 목적은 민족정기를 살리는 데 있는 것이지 일제 시의 모든 행위를 조사하는 데 있지 않기 때문에 그 죄질을 따져서 처벌해야 한다고 주장했고 당사자인 김상돈은 신상발언에서 자기가 총대직을 맡은 것은 부락민들의 투표로 선출되었기 때문이며 일본인과 합법적으로 투쟁한 애국자였다고 주장했다. 격론을 벌인 끝에 박준의 반민특위 부위원장 해임동의안은 표결에 부쳐져 2차 투표 결과 폐기되었다. 김상돈에 대한 친일세력들의 공격은 그 후에도 끈덕지게 계속되었다. 김상돈이야말로 반민특위 내에서는 강경파를 대표하고 있었기 때문이었다.

김상돈에 대한 두 번째 공격은 엉뚱한 곳에서 다시 한번 터졌다. 이번에는 김상돈이 교통사고로 사람을 치어 죽여 암매장했다는 내용이었다. 김상돈은 2월 27일 오전 11시쯤 자기 지프를 손수 운전하고 마포에서 시내로 나오던 중 아현동 로터리에서 길을 건너던 정한진(丁漢鎭)이란 아홉 살 된 소년을 치어 죽이고 사건을 은폐하기 위해 시체를 암매장했다는 것이었다. 그러나 사실은 사고 당시 피해자의 부모와 타협이 되어 원만히 수습된 사건이었다. 경찰이 김상돈의 교통사고 문제를 들고 나온 것은 물론 그의 예기(銳氣)를 꺾어 반민특위의 힘을 빼놓겠다는 전략이었다.

경찰은 사고가 난 지 한 달이 훨씬 지난 3월 말 김상돈이 교통사고를 냈을 때 옆 좌석에 함께 타고 있었던 호위경관 안현

모(安玄模), 유순재(俞順在) 등 2명과 매장을 허가한 마포구청 직원 오봉갑(吳鳳甲) 등 4명을 변사자 밀장 등 혐의로 입건하고 검찰에 송치했다. 4월 13일 자로 검찰에 불구속 기소되어 재판을 받게 된 김상돈은 "도의적으로 끝까지 책임을 느끼지만 영도적 지위에 있는 사람들이 사실을 왜곡하여 밀장 운운하는 것은 모략"이라고 행정부의 태도를 비난했다.

반민특위 위원 중 강경파였던 한독당의 김명동 의원도 일제 경찰 출신들이 실권을 잡고 있던 경찰과 헌병대에게 곤욕을 치른 반민특위 간부 중의 한 사람이었다. 김명동은 공주 출신으로 동향의 공주 갑부 김갑순(金甲淳)을 손수 잡아들이는 등 과격한 행동으로 정평이 나 있던 사람이었다. 그런 관계로 친일세력들에게는 가장 두려운 존재였고 증오의 대상이기도 했다. 그러던 차에 김명동이 뇌물을 받았다는 정보가 헌병과 경찰에 입수된 것이다. 김명동은 당시 서울 성북구 돈암동에 살던 평안도 출신의 조낭자(趙娘子)라는 용한 여자 점쟁이와 가깝게 지내고 있었는데, 조 여인을 통해 반민법 해당자에게 뇌물을 받고 눈감아주었다는 것이다. 즉 일제 때 일본 육군 피복 공장을 경영한 여주 출신의 한국화재보험회사 사장 김흥배(金興培)의 처 이옥경(李玉慶)이 이 점쟁이에게 남편의 운수점을 쳐달라고 부탁했는데, 조낭자는 "반민특위의 김명동 의원과 친하니 30만 원만 가져오면 잘 봐주겠다"고 하여 30만 원을 받아 김명동에게 주었다는 것이다. 그러나 그 후 김홍배가 반민특위에 연행되자 이옥경은 헌병대에 김명동을 고발, 김명동은 수회죄로 구속되는 등 곤욕을 치렀다.

또 다른 친일세력들의 반민특위 활동에 대한 방해공작은 반민특위 간부들에 대한 잇단 테러였다. 그중 가장 교묘하고 악랄한 테러 사건은 총기 오발을 가장한 암살이었다. 온갖 방해공작에도 꺾이지 않고 반민법 해당자들에 대한 검거 선풍이 회오리치던 3월 28일 오후 5시 특위 강원도 지부사무실에서 권총이 오발, 조사부장 김우종이 부상을 당한 사건이 발생했다. 겉으로 보기에는 단순한 총기 오발 사건이었다. 그러나 이 사건은 20일이 지난 후 반민법 해당자들의 사주를 받은 반민특위 관계자에 대한 암살음모임이 드러났다.

사건의 내용은 이러했다. 반민특위 강원도 지부 조사부장인 김우종은 신변보호를 위해 호위형사로 김영택(金榮澤)이란 경찰관을 채용했는데, 김영택은 반민법 해당자로 모처에 숨어 있던 장(張)아무개라는 인물과 내통하고 있었다. 김영택은 장의 주변 인물들과 접촉하는 동안 특위 위원들의 사상이 불순하다는 등 대통령이 특위를 못마땅하게 여기는 것도 그들의 사상적 배경이 불순하기 때문이라는 등 온갖 모략을 듣는 과정에서 차츰 그들의 작전에 말려들었다. 결국 김영택은 그들에게 세뇌되어 자기 자신도 반민특위를 와해시키는 데 한몫

거들기로 약속했다. 그 후 김영택은 장아무개에게 조사부장 김우종을 없애라는 다음과 같은 지령을 받고 행동에 옮긴 것이다.

관생(冠省), 전일에 혜서(惠書) 우(又) 서약서를 배견하니 당회(當會)의 의기는 실로 충천지세(衝天之勢)올시다. 금반의 성행(成行)으로 김 동지의 일생은 좌우됩니다. 우선 불비례(不備禮) 일금(一金)을 송부하오니 소납(笑納)하소서. 목표 인물 조사부장, 특경대장. 독인(讀認) 후 소각하시오. 단기 4282년 3월 5일 본회 제3호×××.

지령을 받은 김영택은 기회를 노리다가 사고 당일 45구경 권총을 분해하는 체하다가 방아쇠를 당겼다. 총탄은 김우종의 가슴을 스쳐 경상으로 그쳤다. 권총 오발 사고로 부상을 입고 병원에 누워 있던 김우종은 아무리 생각해도 석연치 않은 점이 있어 은밀히 수사를 시켰다. 결국 이 사건은 4월 18일 김길인(金吉仁) 조사관이 지령문을 찾아냄으로써 치밀하게 계획된 암살음모였음이 드러난 것이다.

반민특위 요원 암살음모

반민특위에 대한 친일세력들의 가장 치밀하고 어마어마한 도전은 반민특위 요원들에 대한 암살음모였다. 이 음모는 반민법이 제정 공포된 직후, 현직 경찰들이 배후에서 조종했다는 점에서 사회에 준 충격은 엄청난 것이었다.

그 사건의 전말은 이러했다. 반민법이 친일세력들의 집요한 방해와 반발에도 불구하고 국회에서 제정 공포되자 누구보다도 불안을 느끼게 된 것은 일제하에서 독립운동가와 애국지사들을 괴롭혔던 악질적인 왜경 출신들이었다. 따라서 그들은 반민법이 발효되어 반민특위가 본격적인 활동을 개시하면 빠져나갈 수 없음을 누구보다도 그들 자신이 잘 알고 있었다. 그렇기 때문에 그들은 당시 군정 경찰 때부터 변신하여 경찰 고위직에 몸담고 있으면서도 안절부절못하여 어떻게든지 반민특위의 손길을 피하려고 몸부림치지 않을 수 없었다. 그들 중에서도 서울시경 수사과장이었던 최난수(崔蘭洙)와 차석인 홍택희(洪宅熹), 최난수의 전임자였던 전 수사과장 노덕술 등은 그 정도가 심했다. 그래서 이들은 노덕술을 중심으로 수시로 모여 대책을 세우느라 부심하고 있었다.

1948년 10월 하순, 서울시경 수사과장실에서 모의한 그들의 계획은 실로 엄청난 것이었다. 그것은 반민법 제정 과정에서 가장 강경하게 활동했던 국회의원들을 감쪽같이 제거해버리자는 것이었다. 그러나 경찰이 직접 표면에 나선다면 사건이 발각될 경우 엉뚱한 결과를 가져올 것이 뻔하기 때문에 전문적인 테러리스트에게 일을 맡기기로 했다. 당시만 해도 테러, 암살 등이 꼬리를 물고 일어날 때였으니만큼 사건이 터진 후에도 설마 경찰이 배후에 있다는 것이 드러나지 않을 것이라는 계산에서였다.

그리하여 이날 서울시경 수사과장실에서 최난수와 홍택희 등은 백민태(白民泰, 일명 임정화林丁和)라는 테러리스트에게 이 일을 맡기기로 결정했다. 테러리스트로서의 백민태는 그 성격과 이력이 매우 다채롭고 복잡한 인물로 당시 경찰에게 약간의 정보비를 얻어 쓰며 하는 일 없이 지내고 있었다.

그는 열여덟 살 때까지 중국에서 자랐고, 그 후 중국국민당 당원으로 중국 군통국여지사(軍統局勵志社)라는 비밀결사의 지하공작 대원으로 일본군들을 상대로 파괴활동을 해온 직업 테러리스트였다. 북경에 있을 때 그는 일군의 치안 시찰관 암살공작에 가담했고 풍대(豊臺)의 일본 군영을 폭파했으며 군용열차 폭파, 북경의 광륙(光陸)극장 투탄 사건 등으로 체포되어 사형선고를 받았으나 4일 후 일본이 패망하여 풀려난 이력의 소유자였다. 백민태는 그 후 고국에 돌아와서도 전문 테러리스트로 여운형의 집에 폭탄을 던지기도 했다. 그는 이 사

반민특위 요원 암살음모 공판이 열렸던 서소문 제4호 법정이다.
경찰이 주도했다는 점에서 사회에 엄청난 충격을 주었다.
핵심 공모자의 변심으로 전모가 드러날 수 있었다.

건으로 서울시경 수사과장이던 노덕술과 선이 닿았고 경찰의 감시를 받기도 했다. 이런 관계로 그는 경찰에 줄을 대고 정계의 뒷전에서 나도는 각종 정보를 제공하며 돈을 얻어 쓰곤 했었다.

최난수 등이 백민태를 택한 데는 또 다른 이유가 있었으니 그것은 백민태가 당시 반민법 제정을 앞장서 극렬히 반대하고 나섰던 『대동신문』 사장 이종형과도 밀접한 관계를 맺고 있어 비밀 유지가 가능하다고 판단했기 때문이다.

며칠 후 최난수는 약초(若草)극장(이후 스카라극장) 사장 홍찬(洪燦)의 집에서 노덕술, 홍택희, 박경림(朴京林, 당시 중부서장) 등과 모인 자리에 백민태를 불러 은근히 암살음모의 뜻을 비쳤다. 그 후 최난수 등은 백민태를 만날 때마다 반민특위를 비난하며 백민태의 환심을 사려고 애썼다. 그러던 중 1948년 11월 17일 최난수는 백민태를 서울시경 수사과장실로 불러 홍택희와 함께 반민특위 요원 암살 계획을 털어놓은 다음 그 일을 맡아줄 것을 당부했다. 최난수는 백민태에게 반민특위가 발족되어 활동을 시작하게 되면 정부의 요로에서 애쓰고 있는 많은 저명인사가 해를 입게 되는 것은 물론 빨갱이들을 때려잡는 데 앞장서고 있는 경찰 간부들이 크게 다칠 우려가 있으므로 이를 미리 막기 위해 반민특위 위원 중 악질적인 김웅진, 노일환, 김장렬 등 몇 사람을 제거해야 된다고 설득했다. 최난수에게 계획을 듣고 난 백민태는 일단 해보겠노라고 응낙해놓고 최난수 등의 계획을 물었다.

백민태가 이날 최난수 등에게 들은 계획은 이러했다. 백민태는 우선 반민특위 내의 악질적인 국회의원 3명을 납치한 후 국회의원 사퇴서를 쓰게 하여 대통령, 국회의장, 언론기관 앞으로 발송케 한다. 그다음 3명의 국회의원을 38선의 모 지점까지 끌고 가기만 하면 그 후의 문제는 경찰이 맡는다는 것이었다. 즉 백민태가 3명의 국회의원을 감쪽같이 38선까지 납치해다 주면 애국청년을 가장한 경찰이 그들을 처치한 다음 "국회의원 3명이 조국을 배신하고 월북을 기도하는 것을 발견, 즉결 처형했다"고 보고하면 된다는 것이었다. 실로 엄청난 계획이었다. 최난수는 거사 날짜는 나중에 알려주겠다고 말한 후 백민태에게 입을 굳게 다물도록 재차 당부했으며 중구 후암동 모처에 비밀 아지트까지 마련해주었다.

며칠 후 백민태가 홍택희에게 급히 연락하라는 전갈을 받고 서울시경 수사과장실에 가니 최난수와 홍택희가 반갑게 맞았다. 이 자리에서 최난수는 누런 편지봉투에 잉크로 쓴 암살대상자 명단을 내놓았다. 봉투 뒷면에는 서울시경 공보실이라는 스탬프가 찍혀 있었고 수사과장이라고 쓴 앞면에 15명의 명단이 적혀 있었으며 그 밑에 '처단'(處斷)이라고 적혀 있었다. 명단의 15명은 김병로, 권승렬, 신익희, 유진산(柳珍山), 서순영, 김상덕, 김상돈, 이철승(李哲承), 김두한(金斗漢), 서용길, 서성달, 오택관, 최국현, 홍순옥, 곽상훈 등이었다. 백민태는 이듬해인 1949년 1월 8일 최난수 등에게 납치자금으로 10만 원(박아무개 명의 수표 3만 원과 현금 7만 원)과 권총 1정, 수류탄 5개, 실탄 등도 받았다. 그러나 백민태는 그해 1월 24일 노덕술이 반민특위에 검거되자 심경의 변화를 일으켜 검찰에 자수, 현직 경찰의 어마어마한 음모를 폭로해버리고 말았다.

그러면 최난수 등이 그토록 믿었던 백민태의 자수 동기는 무엇인가? 백민태의 자수 동기를 알려면 우선 그의 경력부터 알아볼 필요가 있다. 앞에서도 잠깐 소개했듯이 백민태는 단순한 직업 테러리스트만은 아니었다. 그는 그의 경력이 말해주듯 자기 나름대로 민족을 위해 일하고 있다는 자부심을 품고 있었으며, 일제에 항거하는 과정에서 많은 임정계 독립투사들과 줄이 닿아 있었다. 또 최난수 등이 노린 암살대상자 가운데는 평소 백민태가 존경하던 인물도 여럿 끼어 있었기 때문에 그로서는 경찰의 계획을 처음부터 실천하려는 생각이 없었다고 후에 진술했다.

결국 백민태의 자수로 이 사건은 미수에 그치긴 했지만 당시의 시대상을 단적으로 보여주는 것으로 반민법 해당자들이 얼마나 악착같이 목숨을 부지하기 위해 안간힘을 다했는지를 알 수 있다. 이 사건으로 최난수와 홍택희에게는 1949년 6월

26일 살인 예비죄 및 폭발물 취체법 위반죄가 적용되어 각각 징역 2년의 유죄가 선고되었으며 노덕술과 박경림은 증거가 불충분하다는 이유로 무죄가 선고되었다.

반민특위에 대한 습격: 6·6사건

반민특위가 구성되어 1949년 1월 8일부터 본격적으로 반민법 해당자들을 검거하여 재판에 회부하기 시작한 후 공소시효가 만료되던 그해 8월 말까지 존속하는 동안 숱한 외부의 견제와 방해 등을 받았지만 소위 6·6사건이라고 불리는 경찰의 반민특위 습격 사건만큼 충격적이고 대규모적인 피해를 입힌 사건은 없었다. 이 사건이야말로 민족정기를 바로잡아 신생 대한민국의 기틀을 튼튼히 하겠다고 내걸었던 반민특위의 성스러운 깃발이 갈기갈기 찢긴 충격적인 사건이었으며, 전전긍긍하던 친일파들로서는 특위활동에 결정적인 손상을 입히는 카운터블로였다. 즉 이 사건으로 인해 특위는 활동의 욕을 잃고 더 적극적인 조사활동을 펴지 못한 채 기왕에 벌여왔던 조사활동의 뒤처리만을 마무리 지으면서 문을 닫는 운명을 맞게 된 것이다.

6·6사건은 왜 일어났는가. 그 배경과 실마리를 풀어보기로

하자. 반민특위가 법 제정 당시부터 행정부와 반공 극우파를 가장한 친일세력, 왜경 출신 경찰 간부들의 집요한 견제와 방해, 협박 등을 받아왔다는 것은 앞에서도 여러 차례 설명했지만 이들의 노골적인 저항과 반발은 반민자들에 대한 재판이 진행되면서 더욱 기승을 부리기 시작했다.

특위에 대항하는 이들 세력은 역설적이게도 3·1만세운동의 요람이었던 서울 종로구 낙원동의 탑골공원에 모여 종종 데모를 벌였다. 그러던 어느 날 특위를 비난하던 군중 가운데서 극렬히 날뛰던 반민법 해당자 한 사람이 반민특위에 연행되어 반민특위 사무실로 끌려갔다. 이렇게 되자 데모를 주동하던 국민계몽협회란 단체의 간부들이 수십 명의 군중을 선동하여 중구 남대문로에 있는 특위 본부에 몰려가 "반민특위는 빨갱이의 앞잡이다" "공산당과 싸운 애국지사를 잡아간 조사위원들은 공산당이다"라는 구호를 외쳐대며 항의시위를 벌였다.

6월 2일에도 국민계몽협회의 간부 손빈(孫彬) 등 600여 명이 국회의사당 앞에 모여 "국회는 반민특위를 해산하라"는 등의 구호를 외치며 데모를 벌였다. 이와 같이 친일분자들의 사주를 받은 유령단체들이 연일 반민특위를 헐뜯고 체포된 반민자들의 석방을 요구하는 시위를 벌이자 반민특위는 긴급대책회의를 소집하고 서울시경에 경비를 의뢰했다. 6월 3일에도 대규모 시위가 벌어질 것이라는 정보를 입수한 반민특위가 당시 시경국장이던 김태선(金泰善)에게 반민특위 사무실의 경비를 의뢰했다. 그러나 경찰은 이를 묵살해버렸다. 그것은 시경 사찰과장 최운하 때문이었다.

6월 3일 예상했던 대로 반민특위 사무실 앞에는 숱한 군중이 몰려와 극렬한 데모를 벌였다. 그런데도 경찰은 나타나지 않았다. 반민특위 위원들은 도리 없이 특위 내의 특경대에게 군중을 해산하도록 지시했다(특경대란 반민특위가 반민자들에 대한 조사, 체포 등의 활동을 하기 위해 조직한 특수한 사법경찰 관리다). 지시를 받은 특경대원들은 공포탄을 쏘면서 군중을 해산했다. 그때야 서울시경은 관할 중부서에 지시, 경찰을 보내 군중을 해산하는 일을 거들었다.

한편 반민특위는 이날 데모 군중 가운데 주모자급 20여 명을 연행, 조사하는 한편 이에 대한 대책회의를 소집했다. 그날 오후에도 탑골공원에서는 반민특위 규탄 데모가 계속되었다.

반민특위는 이 과정에서 서울시경 사찰과장 최운하가 그들의 배후에서 은근히 데모를 선동해왔다는 사실을 포착했다. 특위 위원들은 불법데모를 방지해야 할 경찰이 데모의 조종자라는 사실에 어안이 벙벙했지만 사실로 나타난 이상 모른 체할 수도 없었다. 즉시 대책회의를 소집한 특위는 최운하와 종로서 사찰주임 조응선을 체포하기로 결정하고, 데모를 조사하기 위한 참고인으로 출석해줄 것을 요청했다. 참고인으로 6월 4일 오전 반민특위에 출두한 최운하와 조응선은 그 자리에서 구속되었다.

서울시경 사찰과장 최운하와 종로서 사찰주임 조응선이 반민특위에 데모 선동혐의로 전격 구속된 사건은 서울시경 산하 전 사찰경찰이 일제히 들고일어나는 사태를 몰고왔다. 시경 산하 사찰경찰들은 ① 반민특위 간부 쇄신 ② 반민특위 특경대 해산 ③ 경찰관에 대한 신분보장 등 구체적인 요구를 제시하고 일제히 사표를 써 시경국장 앞으로 보내는 등 압력을 가하고 나섰다. 산하 경찰의 집단사임 압력을 받은 시경국장 김태선 이하 시경 간부들은 6월 5일 회의를 열고 어떻게 대처해나갈 것인지를 의논했다. 이날 회의에서 비교적 나이가 젊은 경찰 간부급인 중부서장 윤기병(尹箕炳), 종로서장 윤명운(尹明運), 보안과장 이계무(李啓武) 등은 "현직 경찰 간부가 뚜렷한 증거도 없이 국회의 특별활동기관인 반민특위에 구속되었다는 것은 있을 수 없는 불법"이라고 주장, 실력 행사를 해서라도 이들을 석방시켜야 한다고 주장했다. 그러나 결단력이 없고 매사에 책임을 지지 않으려고 하는 김태선은 결단을 내리지 못하고 저녁에 다시 모이자고 한 후 회의를 끝냈다.

김태선의 우유부단한 태도에 실망한 윤기병 등 소장파 경찰 간부들은 내무차관 장경근(張暻根)에게 달려가 실력으로 특경대를 해산하고자 하니 허락해달라고 요청하여 장경근의 허락을 받고 계획을 세운 끝에 지휘는 중부서장 윤기병이 맡기로 했다. 당시 내무장관 김효석(金孝錫)은 신병으로 입원 중이었다. 윤기병이 특별임무를 맡게 된 것은 반민특위가 중부서 관내에 있으며 김상덕 등 반민특위 위원들과는 비교적 친교가 있다는 이유 때문이었다.

6월 6일 오전 7시에 전 중부서원을 소집한 윤기병은 그중 40명을 차출, 2대의 트럭에 분승시켜 서울 중구 남대문로2가에 있는 반민특위 사무실에 도착한 후 뒷길에 병력을 배치해놓고 작전을 개시했다. 이와 같은 사실이 진행되고 있는 줄은 미처 생각하지 못했던 특위 위원을 비롯한 전 직원은 출근과 동시에 한 사람씩 경찰에 붙잡혀 각 경찰서 유치장에 처박혀졌다. 이날 대검찰총장 권승렬도 중부서원들에게 무장해제를 당했는데 그는 사건을 보고받고 특위 사무실로 달려오던 길이었다. 망신을 당한 권승렬은 특위 사무실을 마구 수색하는 경찰들을 꾸짖었으나 상부지시라는 이유로 들은 체도 하지 않았다.

경찰들이 반민특위 사무실에 난입, 직원들을 강제 연행해가고 서류들을 불법으로 압류해가자 반민특위 위원들도 이 소식을 듣고 달려와 "경찰이 헌법기관인 특위를 강점하고 직원들을 불법으로 체포해가니 이 무슨 행패냐"고 항의했으나 상부지시 운운하면서 마구 분탕질을 해대는 경찰의 기세를 누를 수가 없었다. 이날 중부서원에게 연행된 35명은 특경대원 24명, 사무직원 및 반민특위 위원 경호원 9명, 민간인 2명 등이었다. 민간인 2명은 반민특위 직원을 면회하러왔다가 직원으로 오인되어 엉뚱하게 끌려간 것이다.

경찰에 연행된 특경대원을 비롯한 특위 직원들은 경찰들에게 폭행당해 대부분 부상을 당했다. 35명 중 1개월 이상 치료를 받아야 할 중상을 입은 직원이 2명이었으며, 전치 4주 이상자가 4명, 2주 이상자가 8명, 1주 이상자가 8명이나 되었다. 이들은 경찰에게 혹독하게 폭행당한 후 특경대원 21명은 중부서에 유치되었고 나머지는 종로, 서대문, 동대문, 성북서 등에 2명씩 그리고 마포, 성동서에 3명씩 분산 유치되었다.

경찰의 반민특위 습격 사건은 서울시경 사찰과장 최운하의 구속이 직접적인 불씨였지만 그가 구속된 배경에는 몇 가지 설명하고 넘어가야 할 사건이 있다. 그중 하나가 이른바 국회 프락치 사건이다. 즉 반민특위 활동이 활발히 전개되던 5월 18일 국회 내 소장파 의원 중 이문원(李文源, 전북 익산), 최태규(崔泰奎, 강원 정선), 이귀수(李龜洙, 경남 고성) 등 3명이 반공법 위반혐의로 경찰에 구속된 것이다. 이 사건은 나중에 국회 부의장 김약수도 구속되는 등 크게 확대되는데, 반민특위 활동으로 전전긍긍하던 친일세력들에게는 국회를 공격할 좋은 구실이 되었다. 이 사건에 연루된 의원 중에는 반민법 제정 때부터 이를 적극적으로 지지했거나 직접 관여한 의원들도 있었기 때문에, 반민특위는 공산주의자라고 몰아붙이고 나섰던 친일세력의 주장을 사실로 입증해준 셈이 되었기 때문이다.

여하튼 휴회 중에 이문원 등이 경찰에 구속되자 국회는 즉각 임시국회를 소집, 구속된 의원들의 석방결의안을 놓고 격론을 벌였지만, 88 대 95로 부결되었다. 이렇게 되자 평소 국회 내 공산주의자들을 추방하라고 심심찮게 데모를 벌였던 친일세력들은 5월 31일 오후, 탑골공원에서 다시 대규모 친공의원 규탄대회를 열고 석방결의안에 찬표를 던진 88명의 의원들이야말로 공산당의 앞잡이라고 공격하고 국회에서 추방할 것을 요구하는 서명날인도 받았다. 이렇게 되자 국회 내 소장파 의원인 유성갑(柳聖甲), 김옥주(金沃周), 노일환, 김웅진 등이 진상 조사차 데모현장에 나갔는데, 유성갑이 "석방결의안은 무기명 비밀투표에 의해 표결된 것인데 어떻게 찬성한 88명의 의원을 알 수 있느냐"고 외쳤다가 흥분한 군중한테 구타당하기도 했다.

이날 이후 반공을 내세운 친일세력들의 극성스러운 데모가 연일 계속되었고, 마침내 잇단 데모사태와 관련, 서울시경 사찰과장 최운하 등 현직경찰 간부가 반민특위에 구속되는 사태로 발전했고, 급기야는 경찰이 들고일어나 반민특위를 무력으로 습격하는 충격적인 사건으로 확대되었다.

6·6사건이 발생하자 국회는 이날 오후 긴급회의를 소집하고 특위 위원장 김상덕에게 사건경위를 보고받고 이에 대한 대정부 질문공세를 펴는 한편 사후 수습대책을 논의했다. 부의장 김약수 사회로 열린 이날 제13차 본회의에서 내무위원장 나용균은 이 문제는 단순한 경찰과 특경대의 충돌 사건으로 보기에는 너무나 사태가 중대하다고 전제, 사태의 심각성에 비춰 "내무위원장의 자격으로 대통령이 국회에 출석 해명할 것을 요청했으나, 미환(微患)으로 출석할 수 없다는 것이며 특경대 무장해제는 국무회의 의결을 거치지 않고 대통령 자신이 친히 명령한 것이라는 대통령의 해명이 있었다"는 보고를 했다. 나용균의 보고는 국회의원들의 분노를 폭발시키는 도화선이 되었다. 가뜩이나 국회의 의견을 무시하고 국정을 독단하는 이승만에 대해 불만스러워하던 국회로서는 특경대 무장해제를 이승만이 직접 지시했다는 사실은 폭탄선언이나 다름없었다.

한편 정부 측에서는 국무총리 이범석을 비롯해 내무차관 장경근, 검찰총장 겸 특별검찰관장 권승렬 등이 참석하여 정부의 입장을 해명했다. 먼저 이범석은 "이번 경찰의 행동은 특위의 존재를 구속하려는 의도는 없으며, 다사다난한 이때 국회와 정부가 마음을 합쳐 민국의 육성에 힘써야 할 것이므로

特委를突然搜索

特警隊員을拘引

特委緊急會同

事態收拾을協議

慶北의暴徒

道警察局서...

반민특위가 습격당한 다음 날인
6월 7일 자『동아일보』2면에 실린 관련 기사로
제목에 '습격'이 아니라 '돌연수색'이라고 적혀 있다.

대국적 안목에서 냉정히 처리해달라"고 요청했다. 그러나 이 사건의 경위를 설명하는 장경근은 "특경대는 내무부가 인정한 국가경찰이 아닌데도 특위가 임의로 임명하여 경찰관 호칭을 사용하고 신분증명서까지 소지하고 경찰관 임무를 불법적으로 행사했다"고 전제하고 "내무부가 누차 그 불법성을 지적, 해산을 종용했었으나, 특경대의 경찰권 행사가 더욱 늘어나 부득이 강제해산시켰다"고 해명했다. 장경근의 답변은 격앙된 국회 분위기를 강경한 방향으로 몰고갔다. 가뜩이나 경찰의 만행에 분노를 금치 못하는 판국에 불을 지른 격이었다.

격앙된 김상덕은 "특경대는 작년 10월 윤치영 전 내무장관과 협의하여 설립된 것인데 불법 운운하니 말도 안 된다. 권총은 없어도 법관은 법관이 아닌가. 반민자는 권총에 붙잡히는 것이 아니라 민족정기에 잡히는 것이다" 하고 일갈했다. 그러나 장경근은 소신을 조금도 굽히지 않고 "경찰관은 협약으로 생기는 것이 아니라 정식으로 발령이 있어야 한다. 또 무기의 회수는 발사를 방지하기 위해 취해진 예방조치였다"고 맞섰다.

이날 정부 측 답변자로 국회에 나와 앉은 검찰총장 권승렬의 입장은 묘한 것이었다. 경찰에게 무장해제라는 봉변을 당했던 권승렬은 그러나 국회 편을 들 수도 없는 입장이었다. 왜냐하면 권승렬은 그 날짜로 법무장관에 임명되었기 때문이었다. 그는 "본인이 덕망이 부족하여 특별경찰에 대한 지휘 감독을 다하지 못하고 교양을 잘못 시켰기 때문에 극히 경미한 발단으로 문제가 확대된 것을 송구스럽게 생각한다. 오직 나라 하나를 위하여 온평한 처리를 희구한다"고 미적지근한 답변을 했다.

정부 측의 대국적인 안목으로 조용히 사태를 수습하자는 희망은 성난 국회로서는 받아들일 수 없는 건의였다. 밀양 출신의 박해극 의원은 경찰이 불법으로 압수한 문서와 무기들을 즉시 원상회복시키고 정부 측 책임자들을 속히 의법 처벌하라는 동의안을 냈다. 이렇게 나오자 다급해진 이범석은 "마지막으로 정치적 책임을 피할 생각은 추호도 없으나 이 안건은 중대한 것이니 대통령과 국무회의 의견을 종합 검토하여 처리할 시간 여유가 필요하다"고 호소했다.

그러나 격앙된 이날의 국회는 젊은 이재형(李載濚) 의원의 "국무총리 이하 전 각료의 퇴진을 요구하고 압수한 반민특위의 무기와 문서의 원상회복과 내무차관 및 치안국장의 파면을 즉각 결의할 것과 국회의 요구가 제대로 이행되기 전에는 모든 법안 및 예산안의 심의를 일체 거부할 것을 개의한다"는 제안을 찬성 89, 반대 59, 기권 3, 무효 2로 결의하고 4시간 40분 동안의 토의를 끝냈다.

이 사건에 대해 대법원장 김병로도 경찰의 행동이 잘못이라고 비난했다.

반민특위에 대한 중부서의 행동은 자의 행동이 아니고 상부의 명령에 의해 한 것으로 본다. 소위 특경대의 무기가 경찰 당국에서 내준 것이라면 회수할 수 있는 것이다. 검찰총장을 비롯한 각 공무원으로서 보신하기 위하여 법적 수속을 마치고 정당히 소지한 것을 압수하는 것은 특별한 법령에 의거치 않는 한 불법인 것은 물론이다. 경찰이 반민특위의 조사부와 검찰부 등을 수색한 것과 약간의 서류를 압수한 행위는 직무에 초월한 과오이므로 그 과월한 행위는 불법일 것이다. 이 문제는 국민에게 미치는 영향이 중대한 것으로 보기 때문에 국회와 정부 당국으로서 비상시국에 적정한 정치적 조치가 있으리라 본다. 사법기관으로서는 불법행위에 대한 수사기관인 만큼 적응한 행동에 의하여 법의 판단을 요구하는 때에는 물론 추호라도 용서 없이 법에 비추에 판단을 내릴 것이다.

이와 같이 국회는 물론 사법부까지 경찰의 불법행위를 지적하고 나서자, 이승만은 다음 날(6월 7일) 미국의 AP통신사 기자와의 단독 인터뷰에서 "특경대 해산은 대통령 자신이 직접 경찰에 지시한 것"이라고 밝히고 6월 11일에는 이에 대한 담화를 발표했다.

　　정부에서 국회의 권위를 존중하는 본의에서 반민법에 관하여 국회에서 정한 법률과 그 법률로써 설치한 특검, 특재 및 특별조사위원을 공식으로 인준하여 협조할 것이니 조사위원은 직접 범인을 검거하거나 심문하는 등 행정 사무는 일체 폐지하고 다만 비밀리에 조사하여 단축한 기한 내에 범인들의 명부를 만들어 행정부로 넘기면 행정부에서 죄의 유무를 묻지 않고 곧 한 번에 다 검거하여 특별검찰부와 특별재판부로 넘겨 처단케 하라고 누차 국회의원 제씨에게 권고했으나 이것을 듣지 않고 여전히 특경대를 설치하고 특별조사위원 몇 사람이 거느리고 다니며 몇 명씩을 잡아 가두고 긴 시일에 걸쳐 심사하는 반면에 소위 유죄하다는 사람들은 아무 일 없이 지내게 되며 한편으로는 위협하여 뇌물을 받는다는 등 불미한 풍문이 유포되기에 이르니 이는 반민법 본의에 배치될 뿐 아니라 민심의 소요됨이 크므로 이 이상 더 방임할 수 없어 부득이 특경대를 해산시킨 바이니 의장 각하 및 의원 제씨는 이점을 깊이 양찰하여 하루바삐 해결하는 것이 치안에 큰 손해를 면할 방책일 것이다. 경찰이 특경대 해산령을 집행할 적에 혹은 불법이나 과오를 범한 자가 있으면 이는 정부에서 엄밀히 조사하여 일일이 의법 징벌할 것이니 당국 관리들은 각별히 주의하여 자세히 조사하여 보고하기 바란다.

내무차관 장경근도 이에 앞서 다음과 같이 말했다.

이번 처사는 특재나 특검 및 특위 전체를 대상으로 한 것이 아니고 비(非)경찰이면서 경찰권을 불법으로 행사하는 유사단체인 특위의 특경대만을 해산한 것이다. 이것을 경찰의 쿠데타처럼 말하고 있는 것은 모략이다. 정당한 경찰권 행사가 불법이 아닌 이상 책임문제라는 것은 법 이론상으로 보아 생길 문제가 아니다.

그리고 특경대 해산으로 앞으로 특위사업에 지장이 있는 것처럼 말하나 반민자 체포에 관하여는 특위에서 의뢰만 하면 언제든지 일반 경찰을 동원, 체포하여 법의 심판을 받도록 하겠다.

한편 반민특위에 구속되었던 최운하나 조응선 등 현직 경찰 간부와 경찰에 강제 연행되었던 35명의 특위 직원들은 검찰총장 겸 특별검찰관장 권승렬의 막후교섭 등으로 경찰의 특위 습격 사건이 있던 6월 6월 오후에 모두 풀려났지만 감정이

격해진 특위와 경찰은 서로 고소전을 벌였다. 즉 특경대원 및 특위 직원 22명이 연행 과정에서 심한 부상을 당하자 특위는 6월 11일 내무차관 장경근, 치안국장 이호(李澔), 시경국장 김태선, 중부서장 윤기병, 종로서장 윤명운, 성동서장 이인환(李仁煥) 등 6명을 상해 및 공무집행방해죄로 고발했다. 경찰도 특위 위원장 김상덕을 비롯 부위원장 김상돈, 위원 김명동, 특별검찰관 차장 노일환 등 4명의 특위 간부를 불법 가택수색, 폭행, 독직 등 혐의로 검찰에 고소하는 등 맞고소로 응수했다. 경찰은 또 6·6사건 직후 서울 시경 산하 모든 사찰경찰뿐 아니라 9,000여 명의 전 경찰이 ① 반민특위 간부 쇄신 ② 반민특위 특경대 해산 ③ 전 경찰관에 대한 신분보장 등 3개 항의 요구조건을 제시하고 48시간 내에 요구사항이 관철되지 않을 때는 총사퇴하겠다고 정부에 압력을 넣는 집단행동을 펼쳤다.

결국 이 사건은 내각 총퇴진, 정부 측 의안 심의 거부 등 국회의 강경한 태도와 정부의 정당성 주장 등으로 팽팽히 맞서 타결점을 찾지 못하는 정국경색으로 확대되었으나 국회 내 일부 강경파 의원의 내각책임제 개헌추진에 당황한 이승만이 국회에 직접 출석하여 협조를 당부함으로써 일단락되었다.

반민특위의 와해

경찰의 반민특위 습격 사건은 정치적으로는 정국수습이라는 타협점을 찾았지만 반민특위 활동에는 막대한 타격을 주었다. 더구나 이미 국회 프락치 사건으로 구속된 이문원 의원 외에도 김약수 부의장을 비롯, 노일환, 서용길(특별검찰관), 김병회(金秉會), 김옥주, 박윤원, 강욱중, 황윤호(黃潤鎬) 등 8명의 소장파 의원들이 보안법 위반혐의로 육군헌병대에 구속되자 국회 내에서 반민특위 활동을 적극적으로 추진했던 세력의 힘이 극도로 약화되기에 이르렀다. 그뿐 아니라 발족 당시에는 국민의 성원을 등에 업고 맹활약을 했던 반민특위가 조사 활동 개시 4개월이 지난 이후부터는 특위 내에서도 법 운용문제를 놓고 강·온으로 의견이 엇갈리는 등 내부에서도 힘이 약화될 조짐을 보였다.

그 한 예가 특위 재판관 김장렬, 홍순옥 등의 사퇴였다. 김장렬과 홍순옥은 친일세력들의 반민특위를 겨냥한 데모가 열기를 띠기 시작하던 5월 26일 국회에 "입법정신에 위배되는 사실이 있고 법의 운용에 보조가 맞지 않는다"는 이유로 사표를 제출하고 더 이상 반민특위 활동을 못 하겠다고 했다.

특위 재판관 2명에게 사퇴서를 받은 국회는 이들에게 뚜렷한 이유를 밝힐 것을 요청했으나 김장렬은 "정치인으로서 법관 생활은 맞지 않을뿐더러 신경통이 있는 데다 외부로부터 모략까지 받아 견딜 수 없어 사임한 것"이라고 해명했으며 홍순옥은 "재판관과 검찰관의 의견이 왕왕 맞지 않아 소임을 다 할 수 없다"고 해명했다. 이를 뒷받침이나 하듯, 특위 재판관인 최국현 의원은 "요즘 특위 조사관이 잡아 오는 것은 가장 무능한 사람뿐이다. 어떤 강한 사람, 즉 어떤 단체에 들어 있는 사람은 통 붙잡아 오지 못하고 있다. 이러고서야 어찌 민족정기를 살릴 수 있겠는가. 나도 특위에 수차 사표를 냈었지만 받아지지 않았다"고 반민특위 활동에 회의를 표명하기도 했다.

이렇게 반민특위 내에서까지 법운용에 대해 회의를 품는 사람이 늘어나자 국회 내 일부 친여세력은 반민법을 고쳐서라도 반민특위 활동에 어떤 결말을 내려야 한다는 의견을 제시하기 시작했다. 그리하여 때마침 법무장관을 사임하고 의원직으로 돌아온 이인을 비롯하여 소장파의 곽상훈 등이 주동이 되어 공소시효를 단축하자는 반민법 개정안을 국회에 내놓았다. 즉 특위의 활동이 여러 가지 요인으로 지지부진하니 반민법 제29조의 공소시효 완성 시기를 단기 4282년(서기 1949) 8월 31일로 앞당기자는 내용이었다. 이 반민법 개정안은 7월 6일 국회에서 표결에 부쳐져 재석 136명 중 찬성 74, 반대 9로 통과되었다.

반민법이 개정되어 사실상 조사활동을 더 이상 계속할 수 없게 되자 반민특위 위원장 김상덕 이하 전 위원은 그다음 날 일제히 사퇴했다.

반민특위 간부들의 일괄 사표를 받은 국회는 다시 시도별로 새로운 후임 위원을 선출했으나 그중 이인(서울), 조규갑(曺奎甲, 경남), 김상덕(경북), 조국현(전남) 등 4명이 재차 사임했다.

결국 국회는 이들의 사표를 두고 몇 차례 투표를 거친 끝에 반민특위를 새로 맡을 진용을 선임했는데 그 명단은 다음과 같다.

위원장: 이인(서울)
부위원장: 송필만(충북)
위원: 조중현(경기) 유진홍(兪鎭洪, 충남) 조헌영(趙憲泳, 경북) 조규갑(경남) 진직현(晉直鉉, 전북) 조국현(전남)

새로 선임된 위원들로 구성된 새로운 진용의 반민특위는 7월 14일부터 공소시효 완성일인 8월 31일까지 1개월 남짓 특위업무를 관장했지만, 그들의 활동은 자연히 그동안 특위가 벌여놓았던 조사업무를 마무리 짓는 정도로 그쳤다. 그럴 수밖에 없는 것이 새로 위원장에 선출된 이인은 법무장관으로 있을 때 반민법 자체의 모순성을 지적, 비토할 것을 이승만에게 건의했던 장본인이었으니 적극성을 띨 까닭이 없었다.

이인은 위원장에 취임하면서 "실지(失地) 회복이 미완된 현 단계에 있어 반민법을 남북 양지에 똑같이 적용, 운용하지 못 하는 것은 유감이나 모든 정세를 고려하여 비록 제약된 기간 이나마 모든 기능을 경주하여 중점을 두고 은위병행(恩威竝 行), 신속 공정하게 처단할 방침이니 일반은 많은 협조를 바란 다"는 소감을 밝혔다. 이인은 그 후 7월 28일 특별조사위원회 조사관 연석회의를 소집, 잔무 처리에 대한 다음과 같은 지침 을 시달했다.

① 당연범인 반민법 제4조 제1~4항 해당자는 출두 요 구서를 발부하고 ② 출두하지 않거나 주소 불명자는 도주 로 간주, 공소시효 완성과 관계없이 체포영장을 발부하며 ③ 당연범이나 선택범을 막론하고 자수 기간을 설정, 자 수한 자는 정상을 참작키로 하고 ④ 공무원 중 반민법 해 당자는 기관장에게 명단을 통보, 적절한 조치를 취하도록 요청한다.

이러한 방침에 따라 잔무 처리를 서두른 특위는 8월 31일 로 공소시효 완성과 함께 조사업무를 마무리 짓고 이미 조사 가 끝난 사건은 모두 특별검찰부로 송치했다. 특위는 또 조사위원회, 특별재판부, 특별검찰부 및 그 부속기관의 해체 시기를 논의한 끝에 특별검찰부가 송치받은 사건의 재조사 및 기소 여부 결정 기간이 20일로 되어 있으므로 9월 20일 이후에 해체하기로 했다. 반민자들의 공소시효가 완결되는 8월 31일, 위원장 이인은 다음과 같은 담화를 발효했다.

　　반민족행위처벌법은 민족적 중대 과업의 하나이다. 이로써 40년간 왜적에게 당한 치욕을 스스로 씻고 민족정기를 바로잡아 흐릿해진 민족정신을 일깨우고 해이된 국민의 기강을 밝힘으로써 국가만년의 대계를 세우며 자손만대에 교훈을 주려는 것이니 이것은 3,000만의 공통된 염원이다. 반민족행위처벌법 제정 당시 공소시효 기간을 2년으로 한 것은 공정히 처벌하기 위하여 조사할 시간을 넉넉히 한 것이나 그동안 사무를 진행한 경험을 통해서 시일을 단축할 수 있음을 깨닫고 법을 개정해서 작 8월 31일로 공소 시간을 끝맺게 되었다.

　　반민법 제29조에 의해서 '도피자는 본법이 사실상 시행되지 못한 지역에 거주하는 자 또는 거주하던 자'를 제하고는 반민족행위자 조사는 이로써 일단락을 짓게 되었고 반민법이 공포된 후 343일간 총 취급 건수 682건이요, 그중에 특검으로 송치한 것이 559건이다.

반민특위 사업에 대한 견해는 사람에 따라 달라서 일방에서는 용두사미로 그친다고 비난의 소리도 높고 다른 한편에서는 시기도 아니요, 너무 세밀히 한다고 불평을 말하는 이도 있다. 그러나 가장 심했던 자만 처단하고 나머지는 관대히 하는 것이 인정을 펴고 인심을 수습하는 도리가 되는 것이다. 사람을 벌하려는 것이 아니요, 반민족정신인 죄를 징계하는 것이 목적이니 이 정도의 처단으로 족히 이일징백(以一懲百)의 효과를 거두어서 민족정기를 바로잡을 수 있으리라고 생각한다. 더욱이 38선이 그대로 있고 시국이 혼란하고 인재가 부족한 이때에 반민족행위 처단을 지나치게 하는 것은 도저히 민족과 국가를 위해서가 되지 못한다는 것을 생각하지 않을 수 없다.

　　이러한 견지에서 교육자와 공무원에 대해서는 특별한 고려를 했다는 것을 부연하여 둔다. 교육자의 반민족행위는 그 영향이 더욱 크므로 그 죄과도 더욱 크다고 해야 할 것이다. 그러나 왜정하 그 욕스러운 교육이나마 전폐할 수 없어서 부득이 과오를 범한 것으로 인정하고 금후 그들이 후진의 교육을 위하여 진심으로 공헌할 것을 기대해서 그 죄과는 거의 불문에 부쳤으니 당사자들은 깊이 자성하기 바란다. 또 공무원 중에 투서, 고발, 조사 보고 등을 받은 자가 있으나 이것은 각기 소속 장관의 처리에 맡기고 본 위원회에서는 송치치 않기로 했다. 원래 공직에서 반민자를 제거하여 달라는 것이 민중의 여론의 일면이다. 그러나 그들이 해방 후 오늘날까지 대한민국을 위하여 충성을 다한 공을 생각하고 금후 더욱 속죄의 길을 열어주려는 뜻으로 그렇게 한 것이니 당사자들은 각자가 자서자계해서 국가에 누를 끼침이 없도록 하고 더욱 충성을 다하기를 바란다. 끝으로 부연할 것은 박춘금(朴春琴) 외 4인에 대한 체포 교섭은 목하 임(林) 외무부 장관과 맥아더 원수 사이에 진행 중에 있으니 근일 중 그 결과를 알게 될 것이다.

반민특위는 공소시효가 완결된 지 닷새 후인 9월 5일 특위 위원, 조사국 간부, 도지부 책임자 연석회의를 끝으로 공식적인 활동을 끝냈다. 9월 21일에는 특위 위원장 이인 외 48인의 이름으로 반민특위 특별조사기관 조직법 및 반민족행위특별재판부 부속기관 조직법 폐지안과 특위가 진행해왔던 업무는 대법원과 대검찰청에서 계속 수행할 수 있도록 하는 내용의 반민족행위처벌법 개정안을 국회에 제출, 1949년 9월 22일 국회의 제84차 본회의에서 통과됨으로써 파란 많았던 반민자에 대한 숙청작업은 종지부를 찍었다. 그러나 대법원과 대검찰청은 그 후, 즉 1950년 3월 말까지 미결로 남아 있던 반민법 위반자들에 대한 공판업무를 수행했으나 대부분 무죄 또는 가벼운 자격정지 정도로 끝나고 말았다. 1949년 9월 5일 반민 특위 관계 기관 연석회의에 보고된 반민법 공소시효 완성 시 까지의 반민특위 활동을 기록해보면 다음과 같다.

총 취급 건수 682건(여자 60명 포함)

영장 발부 408건(당연범 198건 — 중추원 참의 120건, 습작자 襲爵者 43건, 지사 35건)

체포 305건, 미체포 173건, 자수 61건

검찰 송치 559건, 석방 84건

영장 취소 30건

기소 221건

재판 종결 건수 38건

체형 12건(① 징역 1년 집행유예 4건 ② 징역 2년 집행유예 1건 ③ 징역 1년 3건 ④ 징역 1년 6월 1건 ⑤ 징역 2년 6월 1건 ⑥ 무기 징역 1건 ⑦ 사형 1건) 공민권 정지 18건(① 3년 8건 ② 4년 1건 ③ 5년 4건 ④ 7년 2건 ⑤ 10년 3건)

무죄 6건, 형 면제 2건

도별 송치 건수 559건

중앙(서울) 282건, 경기 32건, 황해 26건, 충남 25건, 충북 26건, 전남 27건, 전북 35건, 경남 50건, 경북 34건, 강원

19건

이처럼 반민특위 활동 기간 중 실제로 재판을 받아 체형이 선고된 반민법 해당자는 악질적인 10여 명뿐인 데다가 그중 5명은 집행유예로 풀려나 실제 체형을 받은 자는 불과 7명뿐이다. 그러나 이들도 이듬해 봄까지 재심 청구 등으로 감형되거나 형 집행정지 등으로 흐지부지 풀려나 친일파들에 대한 숙청작업은 실효를 거두지 못하고 용두사미로 끝나고 말았다.

반민특위 재판의 실제

1948년 9월 22일 온갖 우여곡절을 거친 끝에 전문 3장 32조의 반민족행위처벌법이 이승만에 의해 법률 제3호로 공포된 후 그해 12월 23일까지 특별재판부 및 특별검찰부와 중앙사무국이 구성되고 각 시도에도 지부 등이 설치되자 반민특위는 본격적인 조사업무에 들어갔다.

우선 정부에서 7,400만 원의 예산을 타내고 중앙청 205호실에 사무실을 차린 반민특위는 일제 때 발행된 신문·잡지를 비롯한 출판물과 조선총독부 등 일제 통치기관의 문서를 토대로 반민족행위자 일람표를 작성했다. 특히 특위는 일제 때 발간된『친일파의 군상들』이란 고발서적을 찾아내어 이를 참고로 7,000여 명에 달하는 친일 부역자의 반민족 죄상을 소상히 알게 되었다(이 책은 그 후 훼손되어 애석하게도 현재로서는 책 이름만 알려지고 있을 뿐 전해지지 않는다). 약 3개월간에 걸쳐 친일 분자들의 행적을 찾아내어 반민법 해당자들의 일람표까지 작성하는 등 예비조사를 끝낸 반민특위는 1949년 1월 8일 화신 그룹의 총수 박흥식(朴興植)에 대한 검거를 개시로 본격적인 활동에 들어갔다.

10일에는 관동군 촉탁이었던 이종형이 체포되었고 13일에는 일본군에 비행기를 헌납한 방의석(方義錫)과 33인의 한 사람이었던 최린(崔麟), 강우규(姜宇奎) 의사를 체포한 일제 경시 출신의 김태석(金泰錫) 등이 검거되었다. 14일에는 창씨개명에 앞장섰던 친일 변호사 이승우(李升雨)와 작위까지 받은 친일 귀족 이풍한(李豊漢)이 검거되었고, 18일에는 일경 경시 출신으로 도지사를 지낸 이성근(李聖根)과 자작 이기용(李琦鎔)이 체포되었다. 또 이틀 후인 1월 20일에는 중추원 부의장까지 지낸 친일파의 거두 박중양(朴重陽)이 대구에서 검거, 서울로 압송되었고, 중추원 참의와 만주국 명예총영사를 지낸 바 있는 재계의 핵심인물인 김연수가 붙잡혔다. 22일에는 고등계 형사 하판락(河判洛),『국제신문』편집국장 정국은(鄭國殷),

반민특위 전남 조사부에서 설치한 투서함이다.
반민특위는 투서를 받아 피의자를 검거하기도 했다.

중추원 참의 김우영(金雨英)이 각각 검거되었고, 24일에는 수도청 고문치사 사건으로 수배 중이던 전 수사과장 노덕술과 동화백화점(현 신세계백화점) 사장 이두철(李斗喆), 26일에는 일본 헌병 출신의 현직 경찰 간부 유철(劉澈)과 악질 왜경 출신 노기주(魯璣柱) 등이 피검되었다. 그 후 종로경방단장 조병상(曺秉相, 27일), 중추원 참의 김갑순(28일), 일제 고등경찰 서영출(徐永出), 친일 변호사 임창화(林昌化, 31일), 일군에 비행기를 헌납한 문명기(文明琦) 등이 속속 체포되었다.

2월에 들어서도 반민자들에 대한 검거의 고삐를 늦추지 않은 반민특위는 특히 문화계에 손을 대어 2월 7일에는 「기미독립선언서」를 쓴 육당(六堂) 최남선(崔南善)과 춘원 이광수도 체포했다. 이 밖에도 특위에 검거된 유명인들은 조선항공업 사장이던 신용욱(愼鏞頊), 고등계 형사 김극일(金極一), 군수업자 백낙승(白樂承), 수도청 고문 최연(崔燕), 김제경찰서장 이성엽(李成燁), 전북도경 사찰과장 이안순(李顔淳), 악질 왜경 출신 김성범(金成範), 심영환(沈永煥), 문구호(文龜鎬), 김영호(金永浩), 김대형(金大亨) 등이었다. 또 중추원 참의까지 지냈던 서병주(徐炳柱), 신옥(申鈺), 김재환(金在煥), 정해봉(鄭海奉), 진희채(秦喜蔡), 고원훈(高元勳), 박희옥(朴禧沃), 최승렬(崔承烈), 원병희(元炳喜), 서병조(徐丙朝), 손준영(孫俊英), 한정석(韓貞錫) 등도 모두 검거되었으며 2월 18일에는 이토 히로부미의 양녀이자 일제 밀정이었던 배정자(裵貞子)와 『황국신문』서사를 지은 것으로 알려진 김대우(金大羽), 중추원 참의 장헌식(張憲植), 고등경찰 양재홍(楊裁弘), 항공업자 김정호(金正浩) 등도 검거되었다.

이와 같이 특위가 민족의 이름으로 친일 부역자들에게 응징의 철퇴를 가하는 일대 선풍을 일으키자 이승만은 전술한 바와 같이 이를 견제하는 담화를 발표하고 자중할 것을 요청했으나 대부분 국민은 특위의 과감한 활동에 찬사와 격려를 보냈다. 이러한 당시의 여론을 2월 2일 자 『서울신문』사설에서 살펴볼 수 있다.

민족정기가 살았느냐 죽었느냐를 의심했으나 과연 민족정기는 죽지 않았다.

보라! 눈부신 특위활동을! 우리는 기대한다. 누누이 지적한 바와 같이 반민자의 처단은 결코 보복적 사실에서 나온 것이 아니고, 대한민국의 정신을 살리고 사리사욕 때문에 민족을 파는 반역자가 다시 생겨나지 않도록 하는 교훈적 의의가 크다고 본다. ……

그리고 중앙에서부터뿐만 아니라 지방에서까지 전체가 단시일 내에 국사를 끝내고 가장 공정하게 그리고 신속히 벌을 주고, 그 밖에 용서할 자는 다시 새 나라를 이룩하는

데 힘쓰도록 관용이 있어야 할 것이다.

끝으로 간곡히 부탁하는 바는 특위가 공론을 앞세워 시간이 흐른다면 부질없는 피해를 가져오기 쉬우니 이 점을 특히 부탁하는 바이다.

이와 같이 반민특위의 검거 선풍이 회오리치자 대부분 반민법 해당자는 지하로 잠적하거나 심지어 일본 등 해외로 도피, 검거의 손길에서 벗어나려고 안간힘을 썼다. 그리고 몇몇 양심 있는 친일분자는 진심으로 자기의 죄과를 뉘우치고 떳떳하게 민족의 이름으로 심판을 받아 여생을 대한민국을 위해 일하겠다며 자수했다.

이들 중 제일 먼저 특위에 자수한 인물은 일경 출신의 정성식(鄭成植)으로 그는 2월 4일 고향인 경남 의령에서 서울로 올라와 특위를 찾았다. 이어 2월 28일에는 역시 일경에 몸담았던 조동선(趙東璇)이란 반민자가 특위에 자수했고, 3월 5일에는 중추원 참의를 지냈던 김윤복(金允福)이 특위 경기 지부에, 같은 날 이필순(李弼純)이란 일본 헌병 출신이 역시 인천 지부에 자수하기도 했다. 그 후에도 자수자들은 계속 늘어나 특위 활동 기간에 자수한 반민법 해당자는 61명이 되었다.

반민 공판의 준비

반민법 해당자들이 특위에 속속 피검되어 조사를 받고 특별검찰부에 기소되자 이에 따라 재판부도 반민자에 대한 역사적인 공판을 위해 준비를 갖추기 시작했다. 1949년 3월 4일 특별재판관장 김병로는 특별재판관 전체회의를 소집하고 재판절차에 따른 문제들과 재판기일 지정문제를 토의했다. 대법원 회의실에서 열린 이날 회의에는 3부로 나뉜 재판관 전원이 참석했다. 즉 제1부 재판장 신태익, 제2부 재판장 노진설, 제3부 재판장 이춘호를 비롯해서 이종면, 오택관, 홍순옥, 김호정(이상 제1부), 신현기, 고평, 김병우, 김장렬(이상 제2부), 서순영, 정홍거, 최영환, 최국현(이상 제3부) 등 15명의 재판관이 참석, 재판 관례상 기소된 순서에 따라 재판기일을 정하기로 결정했다. 또 이날 회의에서는 재판부별로 요일을 지정, 제1부는 월요일과 목요일에, 제2부는 화요일과 금요일에, 제3부는 수요일과 토요일에 재판을 열 것도 결정했고, 재판부별로 피고인들을 배당했다. 재판 일정 및 피고인별로 기일이 정해지자 특별재판관장 김병로는 반민특위의 특별재판부는 민족의 총의로 엄정한 재판을 수행하겠다는 재판부의 결의를 2월 12일에 다음과 같이 밝혔다.

반민자들에 대한 심판은 해방 후 우리의 자주 정부가 들어섰다면 곧 착수했을 것이나 3년 이상이나 공백이 있어 혼란 속에 방치되어왔다. 그 후 여러 가지 주변 사정과 정치 정세의 변동이 있었던 것은 유감스럽고 곤란한 점도 없지 않았다. 그러나 시일이 갈수록 더욱 곤란이 가중될 것으로 반민법에 규정한 바와 같이 단시일 내로 이 사업을 완결하여 민족정기를 부흥하는 동시 전 민족의 분의(憤意)를 일소하고 완전하고 순전한 민족 통합으로 민족 국가의 만년지계에 매진할 것이다. 본인은 이러한 사건을 처단함에 있어 첫째로 전국적으로 반역자의 낙인이 찍힌 자를 주로 하고, 둘째로 각 지방별로 반역자의 낙인을 받은 자로 주로 할 방침이다. 결국 순정한 민족의 총의를 반영하여 결정될 것이고 처단될 것으로 믿는다. 따라서 개인의 사감이나 편파한 관념에 흐르는 것은 절대 금물이요, 만일 그러한 피해가 있어서 이 중대한 사무 수행에 혼란을 야기해서는 안 된다.

또 역사적인 첫 반민 공판을 주재하게 된 제1부 재판장 신태익은 "불행히도 우리 민족은 영토적으로 강린(强隣) 간에 개재되었던 관계로 사대사상이 물든 것도 양해할 수 있는 일이지만 민족을 돌보지 않고 자기 한 몸의 영화를 위하여 일제에

1949년의 반민 공판 모습으로
첫 공판은 1949년 3월 28일 열렸다. 역사적인 재판이니만큼
서울 정동의 재판정 주변은 인산인해를 이루었다.

아부하고서도 반성할 줄 모르는 민족반역자들을 처단하는 것이니만큼 어디까지나 사심 없이 법에 따라 엄정한 재판을 할 것"이라고 각오를 밝히기도 했다.

한편 재판부는 매회 공판 때마다 방청권을 300매 한도에서 발급, 150매는 피고인 가족이나 재판 관계인에게 배부하고 150매만 일반에게 배부했는데, 반민 공판에 대한 당시 국민의 관심이 대단해 첫 공판이 열리던 1949년 3월 28일 서울 정동의 재판정 주변은 인산인해를 이루었다.

검거 제1호 박흥식

전술한 바와 같이 반민특위에 제일 먼저 검거되어 세인을 놀라게 한 인물은 화신 그룹의 총수 박흥식이었다. 그는 종전(終戰)이 1년 남짓 남았던 1944년부터 경기도 시흥구 안양에 거대한 비행기공장을 설립 운영한 죄로 반민법 제4조 제7항(비행기, 병기, 탄약 등 군수공장을 책임 경영한 자)에 해당되는 당연범이었는데, 반민특위가 검거활동을 개시하려 하자 미국으로 도피하려다가 검거되었다. 즉 1949년 1월 8일 오후 4시 30분쯤 특위 부위원장 김상돈의 지시를 받은 조사관 김용희와 서기관 박희상(朴喜祥)의 지휘를 받은 20여 명의 특경대에게 서울 종로 네거리에 있는 화신백화점 별관에서 비서들과 미국행을 의논하다가 검거되어 그날로 서대문형무소에 수감되었다.

박흥식은 그 후 반민특위 제3조사부(부장 오범영)에서 예비조사를 받고 특별검찰부에 송치되어 조사받은 후 검거된 지 47일 만인 3월 22일 특별검사관 차장 노일환에게 기소되었다. 박흥식에 대한 검찰 측 조사기록은 무려 6,000쪽에 달하는 방대한 것으로 기소장에서 밝혀진 범죄사실을 요약하면 다음과 같다.

죄명: 반민법 제4조 제7항 및 제7조 위반

범죄 사실: 피고인 박흥식은 명색 없는 일개 지방인으로서 단기 4259년에 상경하여 선일직물(鮮―織物)주식회사를 창설, 당시 24세의 연소한 몸이었으나 아유에 능하여 총독 이하 각계 요로 인물들과 친교를 맺어 재계를 위시, 상업계·경찰계·군부에 이르기까지 광범위하게 친일을 했을 뿐 아니라 식민지 착취기관 동양척식주식회사 감사를 위시 유수한 중요 회사의 중역으로 지냈고, 중일전쟁이 일어나 전시하 일본 국책을 추진시킬 목적으로 속출하는 각 단체의 수뇌 간부로서 국민정신총동원연맹 이사, 배영동지회(排英同志會) 상담역, 임전보국단 이사, 국민동원촉

진회 감사, 대화동맹(大和同盟) 심사원, 흥아보국단(興亞報國團) 상임위원, 국민총연맹 이사, 동 경기도 참여, 동 경성부 연맹 이사, 『매일신보』(每日申報) 감사역, 조선총독부 보호관찰소 촉탁보호사, 재단법인 기계화 국방협회 회장, 조선비행기주식회사 사장을 역임한 자인데……

1. 피고인은 시기를 놓치지 않고 수시로 뇌물과 주연을 작설(酌設), 물심적 환심을 사는 데 전심을 경주했으며 정신적으로 식민지 정책수행에 아부, 기무라(木村) 종로서장을 비롯한 역대 종로경찰서장과 긴밀한 교분을 맺고 재계에 있어서 식산은행 아리가(有賀光豊) 두취(頭取), 하야시(林繁藏), 야마구치(山口), 곤도(近藤), 가토(加藤), 마쓰바라(松原), 깃카와(吉川) 등 은행 거두들과 일상 같이 지내게 됨에 따라 하즈미(穗積) 식산국장, 미즈다(水田) 재무국장, 이케다(池田) 경무국장, 동 미쓰하시(三橋), 동 야마미네(山峰), 이사카(伊坂), 야마치(山地) 등 역대 광공(鑛工) 과장, 곤도(近藤) 금융산업 과장, 야스다(安田) 경기도 지사, 동 마쓰모토(松本) 지사, 오카(岡) 경기도 경찰부장 등 뻗어 나가는 친일농도가 짙어가게 되자 범위는 다시 확대되어 이타가키(板垣), 이하라(井原), 나카무라(中村), 마쓰다(松田) 등 군부의 군사령관 등 간부급과 우가키 가즈시게(宇垣一成) 총독 이하 역대 총독에 이르기까지 친교를 갖

게 되었고 당시 일본에서 쓰다(津田) 종방사장, 아다치(足立) 왕자제지 사장, 노자와(野澤) 조주인 등의 일본 내의 재계, 경제계 일류 거물들을 대조할 때 그들을 배빈으로 총독의 초청을 받게 되므로 일본 내의 상업 거두들과 친교를 갖게 되었으며 비행기공장 경영을 계기로 일본 정부 도조(東條英機) 수상과 그 외 육군성 군수성까지 친일 무대가 확대되어 최고 친일의 지위를 확보하게 되었다.

2. (생략)

3. 피고인은 역대 총독 중 우가키를 제일 숭배했으며 총독과 친교함을 따라서 매국도배의 두령인 한상룡(韓相龍)과 박영철(朴榮喆)의 후계자로서 인정받게 되어 단기 4270년(1937) 일제의 침략전쟁이 폭발됨을 계기로 1938년 국민정신총동원연맹 이사급, 배영동지회 상담역, 임전대책협력회 등의 간부로서 정치 협력을 개시, 임전대책협력회에 김연수·민규식(閔奎植)과 같이 20만 원을 기부, 전시채권의 강제매출을 단행했고, 이 기관을 발전시켜서 전시체제하의 애국운동과 청년·여성을 대상으로 하는 임전보국단 결성에 주동이 되어 고원훈과 함께 평양에 가서 유세하고 해(該)보국이사로 추임, 보국의 충성을 다했다.

1942년 12월에 전 일본 산업경제 전력증강단합회 조선인 대표로 참석, 일왕 히로히토(裕仁)를 면접하고, "배알의 광영에 못 이겨 오직 감읍할 뿐이다"라는 감격의 말로 "필승의 신념을 가지고 대동아전쟁 완수에 전력을 바치어 산업경제인으로서 부하된 중책을 명심하여 실천할 것을 결의했다"는 담화를 발표하면서 침략전쟁의 필승을 강조, 익년 12월에 '배알일주년성려봉체'(拜謁一週年聖慮奉體)라는 제목으로써 명심했던 결의를 잊지 않고 거듭 민중 앞에 재강조, 일본 국력을 추진시키는 각 단체의 수뇌 간부로서 악질적·지도적 행위를 강행한 자로서 조국해방에 막대한 피해를 끼쳤고, 피고인이 일제에 바치는 무한한 충성심과 군은 결의는 굴함이 없이 발전하여 1944년 3월경에 조선 항공부 담당장교 나카무라 중좌를 대동, 일본에 가서 도조 수상, 육군성·운수성 제1과 국장, 항공본부장 등을 예방하고 조선에 징병제 실시 기념사업으로 서울 근방에 비행기 제조 회사를 창설하려 하오니 중앙에서 조선에 부족한 기술과 자재의 적극적인 원조를 하여 뜻있는 사업을 완수하여 달라는 것을 진언 요청했던 바, 일본 중앙정부 요로 측에서도 대동아전쟁이 중대한 단계에 있으므로 적극적으로 원조하겠다는 것을 맹세한 후 곧 조선으로 돌아와서 다나카(田中) 정무총감, 니시히로(西廣) 경무국장, 군부의 사카가키(坂垣) 사령관, 참모장, 헌병사령관 등과 협의, 동년의 중일전쟁 폭발일인 7월 7일 고이소(小磯) 총독에게 항공제조사업 안내 허가서를 제출, 허가가 되어 동년 9월에 비행기회사를 창설, 동년 10월 창설 인사차 일본 중앙정부에 가서 물자원조를 요청했으나 정세가 일변하여 일본의 전세불리로 중앙에서는 물자를 알선할 여유가 없다고 거절하면서 비행기회사 창설을 중지하는 것은 자유에 맡기니 마음대로 하라고 했음에도 불구하고 나카무라 중좌와 함께 1개월 동경에 체재하면서 애원 간청하여 육군성의 소개로 상해등부대(上海登部隊)에 가서 자재의 알선을 받게 되었다.

4. 피고인은 반민법이 공포되자 이의 실천을 방해하려는 의도를 품고 김연수를 장직상(張稷相)과 함께 방문하여 모의한 바 있었으나 여의치 못함으로써 미리 교체했던 여행권을 갱신하여 도피공작을 했으며 반민법을 반대하는 경찰관에게 명목 없는 금전을 100여 만 원 공급한 사실을 보아 악질적인 반민법 실천 방해공작을 한 자이다.

박흥식의 첫 공판은 기소 1주일 만인 1949년 3월 28일 오후 재판장 신태익, 배석 이종호·오택관·홍순옥·김호정 등으로 짜여진 재판부 심리로 열려 검찰관 노일환의 기소장 낭독이 있은 다음 곧 사실 심리에 들어갔다. 이날 첫 공판에서 재판장과 피고인이 주고받은 심리 내용을 간추려 소개한다.

문 피고인의 취미는?

답 별로 이렇다 할 취미라고는 없고 철두철미 사업을 하는 것뿐이다.

문 피고인은 정치·민족문제에 관하여 생각해본 일이 있는가?

답 별로 생각해본 일이 없다.

문 그러면 정치나 민족문제에 관하여 비단 조선문제에 국한하지 않더라도 생각해본 일이 있는가?

답 약간 있다.

문 그러면 민족에 대해서 어떠한 것을 느꼈는가?

답 일본 치하에 가장 슬프게 생각한 것은 일인들이 너무 차별하고 우리 민족을 학대한 데 크게 비애를 느꼈다.

문 동척(東拓)에는 언제 들어갔는가?

답 해방 3, 4년 전에 입사하여 해방될 때까지 있었다.

문 주(株)는 얼마나 가졌는가?

답 1,000주 가량 가졌다.

문 감사역으로 동척에 입사한 동기는? 동척은 도지사나 참여관을 지낸 사람들이 취임하는 곳인데?

답 당시 미나미(南次郎) 총독이 나더러 중추원 참의를 하라고 누차 권고했으나 정치문제에 관여할 생각이 없다고 끝끝내 사절했다가 그러면 동척에 입사하라고 재차 권고하기에 입사했다.

문 그러면 동척이 어떠한 성질의 것이라는 것쯤은 알고 있었을 텐데?

답 창설 당시에는 식민지 착취기관으로 설립되었다.

문 그러나 동척이 조선인의 토지를 강매하고 일인의 이민을 감행하며 일본의 정책을 수행하는 특수기관이었다는 것을 알았을 텐데?

답 그렇다.

문 동척에서 배당은 얼마나 받았나?

답 연 7부의 배당이 있었다.

문 다음 일본 연대로 쇼와 16년(1941) 10월 9일 피고인은 흥아보국단(興亞報國團)의 준비위원에 취임했다는데?

답 이사로는 있었으나 준비위원이 된 일은 없다.

문 강제로 대답을 시키지는 않으나 기억에 있는 것은 사실대로 말하는 것이 좋을 것이다. 특히 이번 재판은 다른 재판 형식과는 달라서 단심제로 되어 있는 관계로 지금 하는 이 재판은 피고인이 말할 수 있는 유일하고도 최후의 재판이니 잘 생각하여 후에 유감없도록 하라.

답 그것이 준비단계에 있었다는 것은 알 수 있었으며 그 당시 조병상이 이를 결성코자 역설한 것을 들었다. 그러나 준비위원으로 된 일은 전혀 없다.

문 그러면 임전(臨戰)보국단의 준비위원에 취임한 일은 있는가?

답 이사로 취임한 일은 있다.

문 임전보국단의 성격이 전시하에 청년의 연성(鍊成)과 소위 성전(聖戰)에 보답하고 사상통일을 목적한 단체로서 피고는 이에 정신적 또는 물질적으로 협력하며 저축, 물자공출 등 일본의 방위체제 강화를 추진했다는데?

답 원체 사업이 다망하여 그럴 기회가 없었다.

문 임전보국단의 발전을 위하여 당시 소위 명사라는 사람들이 지방에 유세대(遊說隊)로 파견되었는데 피고인은 평양에서 무엇을 했는가?

답 평양에 간 것은 사실이지만 간 목적은 지점에 볼 일이 있어 갔을 뿐이다. 연설한 일은 없다.

문 쇼와 16년 10월 9일 『매일신보』에 「조선의 역사적 발전」이라는 제목으로 2,400만 민중이 황국신민으로 활약할 기회가 왔으며 임전보국단은 누를래야 누를 수 없는 애국단체라는 뜻의 논문을 발표한 일이 있는가?

답 경제 면에 있어 한 일은 전부 책임지겠으나 정치문제는 모르므로 책임질 수 없다.

문 피고인은 『매일신보』의 감사역에 취임한 일이 있는가?

답 있다.

문 『매일신보』의 성격은?

답 총독부의 기관지로서 자기네의 의사를 발표하는 기관이었다.

문 적치(敵治) 쇼와 17년(1942) 11월 5일 자 『매일신보』에는 현금 20만 원을 헌납한 다음 「민심의 동향은 어떠한가」라는 제목하에 우리는 모든 것을 바쳐 황민화 운동으로 내선 결혼을 주장한 담화가 게재되었는데 기억이 나는가?

답 당시 기자들이 찾아와서 담화 발표를 요구했을 때 나는 용어도 잘 모르는 말이 많기에 기자들에게 적당히 만들어내기를 부탁한 것이다.

문 피고는 1942년 12월 15일 당시 일본 수상 도조의 초청을 받아 전 일본 산업경제 대표로 조선 인으로는 유일하게 동경에서 개최된 동 대회에 참석했다는데?

답 그렇다.

문 그 대회에서 무엇을 주장했는가?

답 아무 주장도 없었다.

문 그때 일본 천황 히로히토를 배알하고 나서 필승의 신념을 품고 전쟁 완수에 전력을 다하고 내선일체가 되어야 한다는 등 적자(赤子)로서 만면에 웃음을 띠고 감읍했다는 피고인의 담화가 당시의 일본 신문에 게재되었는데 사실 몰랐는가?

답 일본 천황을 만난 일은 있으나 담화에 대해서는 그런 용어도 모르고 당시 나를 찾아온 『매일신보』 동경지사장에게 적당히 위촉했던 것이다.

문 영광으로 생각했는가?

답 영광으로 생각했다.

문 일본 총독 미나미가 물러갈 때 적치 쇼와 17년(1942) 5월 30일 역시 『매일신보』에 잊지 못할 자부자모(慈父慈母)라고 그의 업적을 찬양한 피고인의 담화가 게재되었는데?

답 이 역시 책임을 지겠으나 기자가 적당히 만든 담화다.

문 피고가 창씨제도를 주창한 것은 사실인 줄 아는데?

답 본인이 주창했다면 자신이 창씨개명을 안 했을 리가 있겠는가?

문 피고인이 그렇게 생각한 것은 큰 잘못인 줄 안다. 일제의 혹독한 탄압하에서도 피고와 같이 창씨를 안 하고도 견뎌나갈 만한 그 배후에는 상당한 이유가 있는 것이다. 일제는 자기네가 창씨를 강요치 않았다는 것을 표본으로

166

하기 위해서 그대와 같은 믿을 만한 인사에게 일부러 안한 것이다. 한상룡을 보아도 그렇지 않은가. 그때에는 오히려 그런 사람들이 정치적으로 더 큰 역할을 한 것이다.

답 모두 지당한 말씀이다.

박흥식의 보석 파동

박흥식은 그 후 몇 차례 심리를 받다가 구속된 지 103일 만인 1949년 4월 20일 병보석으로 풀려나 그 후로는 불구속 상태로 재판을 받았다. 박흥식에 대한 보석을 허가한 이유는 심한 설사와 불면증으로 재판을 받는 데 큰 어려움이 있다는 것이었다.

당시 박흥식의 심리를 맡았던 재판장 대리 신태익은 "신중에 신중을 기하여 담당 재판관 5인의 진지한 토의 끝에 결의를 본 것"이라고 밝혔으며 이에 관여한 재판관 오택관도 "반민법은 민족정기를 살리기 위해 반민자에 대한 산 교훈을 보이는 것이 목적이지 그들을 사망케 하는 것이 목적이 아니다"라고 소감을 밝혔으나 박흥식의 병보석문제는 검찰관의 총사퇴라는 진통을 겪는 계기가 되었다. 물론 병보석은 박흥식이 처음은 아니었다.

박흥식이 병보석으로 풀려나자 이튿날인 4월 21일 특별검찰부의 검찰관 9명은 다음과 같은 사퇴서를 국회에 제출했다.

　　금반 특별검찰부 검찰관장 이하 검찰관 일동은 반민법해당 피고인 박흥식에 대한 보석 결정을 계기로 검찰 직무를 감당키 곤란함으로 대한민국 국회에 사표를 제출하고 잔무는 후임자가 선출될 때까지 계속 집무할 것을 결의함.
　　특별검찰부 검찰관장 권승렬, 검찰관 차장 노일환, 검찰관 심상준·곽상훈·김웅진·서성달·이의식·서용길·신현상.

박흥식의 병보석이 특별검찰관 전원의 총사퇴라는 사태를 몰고 오자 국회는 4월 23일 제84차 본회의를 열고 이에 대한 대책을 논의, 특별검찰관장 권승렬과 특별재판장 김병로를 국회에 출석시켜 경위를 듣고 보석문제는 재판부에서 재심토록 하고 검찰관의 사표는 모두 반환하도록 결의했다. 이날 국회에서 경위를 설명한 권승렬은 다음과 같이 말했다.

　　3,000만의 뜻을 받들어 일을 하여왔으나 우리 자체의 힘이 부족함을 느끼고 총퇴진할 생각은 전부터 했으나 늘

얇은 얼음판을 밟고 나가는 감이 있었다. 검찰관 전원이 퇴진한 것은 박흥식 보석문제가 주인(主因)이 아니라 한 계기가 된 것이다. 박흥식을 보석한 것은 그가 감방 생활을 지속할 능력이 없다는 이유라고 하나 검찰부에서도 의사가 있어 이를 알아본 결과 그렇지도 않다는 결론을 얻었다. 즉 형무소에서 발급한 진단서에 의하면 박흥식은 아메바 적리(赤痢)에 걸려 있으며 잠을 자지 못하여 정신병자가 되어 있다 했으나 지금에는 그런 병징이 없고 또 정신병이라고 하나 그렇다면 정신병 전문의의 진단이 필요할 것이다.

이에 대해 김병로는 다음과 같이 대응했다.

전 민족의 정신에 또는 자손만대에 미칠 사업이므로 재판부에서는 법에 따라 공정히 재판을 수행해온 것이며 세상의 여론에 귀를 기울이지 않았다. 보석이 중대한 것은 아니다. 또 보석으로 박흥식을 아주 석방하는 것이라든지 또는 형을 삭감하는 것이 아니다. 그리고 진단서가 반드시 보석의 참고 자료가 되지 못한다는 법은 없다.

한편 박흥식의 병보석이 결정되자 담당 검찰관 노일환은 다음과 같이 말했다.

담당 검찰관의 의견을 듣기 전에 재판부에서 보석할 것을 결정하고 찬부를 요구한 것은 형식적인 검찰관의 의견 청취에 불과한 부당 결정이라 하지 않을 수 없다. 형무소의 의무관 진단에 의혹이 있어 검찰부에서도 진단하여 본 결과 박흥식은 감방 생활하는 데 능히 견디어낼 수 있음에도 불구하고 다른 의사에게 진단시키지도 않고 건강한 반민 피고의 거두 박흥식을 보석함은 천만부당한 결정이라 아니할 수 없다. 특히 수면부족으로 신경쇠약 운운하니 반민법 위반으로 수감된 자가 잠을 잘 자지 못하는 것은 당연한 일이고 10일간만 지나면 잠을 자지 말라고 하여도 잘 잘 수 있을 것이다. 잘 자지 못한다고 보석한다면 반민자 전부를 불구속 취조하여야 할 것이니 이렇게 되면 우리는 민의를 받들어 처벌하여야 할 반민자의 처벌에 커다란 과오를 범하여 민족에게 득죄(得罪)를 하게 될 것이니 반민특검 검찰관 일동은 금일 국회에 사의를 표명한 것이다.

박흥식의 병보석은 사회에도 큰 파란을 일으켜, 이날 각 정당·사회단체에서 박흥식의 병보석을 비난하는 격렬한 성명이 쏟아져나오기도 했다. 특히 김구가 이끈 한독당은 "친일 거두들이 칭병하여 보석의 특전을 받고 있음은 불가해한 현상이니 반민특위는 민중 앞에 진상을 밝혀 민심을 석연케 하라"고 촉구하기도 했다. 그러나 박흥식의 병보석 결정은 뒤집히지 않고 기정사실로 굳어졌다. 그 후 박흥식의 담당 검찰관인 노일환이 보안법 위반으로 구속되자 담당이 정광호(鄭光好)로 바뀌고 재판장도 김병우로 교체되어 박흥식에 대한 공판은 일반의 의혹을 사더니 그해 9월 26일 결심되어 엄청난 기소 내용과 비교해볼 때 너무나 가벼운 공민권정지 2년 구형에 당일로 무죄가 선고되었다.

재판장의 무죄 이유는 ① 피고인의 비행기공장은 중도에서 정지하여 실질적인 일은 하지 않았고 피동적으로 공장 운영을 맡게 되었고 ② 피고인의 비행기공장 때문에 주민들이 피해를 입은 바가 없고 ③ 임전보국단 등의 간부로 있으면서 실질적인 활약을 한 일이 없고 ④ 신문지상에 발표한 담화는 피동적이었고 ⑤ 안창호 선생에게 많은 원조를 했고, 광산·상업 등으로 교육사업에 많은 원조를 했고 ⑥ 해방 후 건국사업에 많은 원조를 했다는 등의 내용이었다.

첫 심판대에 오른 황족

1949년 3월 28일 반민법 해당자로서 첫 번째로 민족의 심판대에 오른 인물은 이기용이었다. 고종의 당질인 이기용은 일제에서 자작의 작위를 받은 황족으로 그해 1월 10일 조사관들이 체포하러 갔을 때까지도 자기 집 응접실에 일본 천황 히로히토 사진을 걸어놓고 있었고, 일본 황실에서 받은 30여 개의 훈장도 고이 간직하고 있었던 인물이었다.

그의 재판 광경은 반민자로서는 첫 공판이었기 때문에 장안의 화제였는데, 그의 죄과는 반민법 제4조 제2항 위반이었다. 첫 공판에서의 심리 내용을 소개하면 다음과 같다.

문 귀족원 의원은 언제 되었는가?

답 합방되는 해 4월이다.

문 어떤 경로로 되었는가?

답 아베(阿部) 총독이 덮어놓고 오라고 하기에 나는 죽은 이항구(李恒九) 대신에 이왕직(李王職) 장관을 하라는 것인 줄 알았더니, 가본즉 그 자리에는 윤치호(尹致昊) 씨도 있었으며, 이번에 귀족원 의원이 되었으니 그리 알라고 했다.

문 귀족원 의원은 누구누구가 되었나?

이기용은 1945년 8월 광복 후
박흥식, 이종형, 최린, 이승우, 이풍한에 이어
1948년 1월 18일 반민특위에 이성근과 같은 날 검거되었다.
3차례에 걸친 공판 끝에 징역 2년 6개월의 실형을 선고받았으며
재산의 절반을 몰수당했다.

답 윤치호, 박중양, 한상룡, 이진호(李軫鎬) 등이다.

문 일본의 귀족원 의원이라면 대개 황족, 화족(和族), 학사원 의원, 세금 다액 납부자와 공로자 등 특선인 등인데 피고는 어떤 조건에서인가?

답 아마 제 생각으로는 창덕궁을 대표해서 또는 친척 대표로서 시킨 것으로 본다.

문 일본에 갔을 때 수상을 만났는가?

답 스즈키(鈴木)를 만났다.

문 수작(受爵) 시 기념식을 했는가?

답 그런 기념식은 없었다.

문 조선인으로 작위를 받은 자가 몇 명인지를 아는가?

답 7, 8명이 된다.

문 피고는 한일합방의 경위라든가 명성황후 살해 사건, 5조약, 7조약, 경찰권 이양, 고종황제 밀사 사건 등을 아는가?

답 안다.

문 피고는 합방 시 일본이 약탈을 일삼던 것을 아는가?

답 잘 안다.

문 자작을 언제 탔으며 돈은 얼마나 받았는가?

답 합방 직후 스물두 살 때 받았고, 돈은 한 3만 원 받았으며, 이 돈은 내가 사용하지 않고 교육사업에 썼다.

문 송병준(宋秉畯)은 1억 원에, 이완용은 3,000만 원에 나라를 팔겠다고 했으며 일황이 합방 때 3,000만 원을 뿌려 이 돈이 나라를 판 돈이라는 데 피고가 받은 돈 3만 원도 이 속에 드는가?

답 잘 모르겠다.

문 나라가 망하고 민족이 죽어가는데 그대들은 평안히 살고 있으니 조금도 괴롭지 않았는가?

답 마음으로 대단히 괴로웠다.

문 합방 당시 조선을 팔아먹는다는 것을 생각해본 일이 있는가?

답 생각하지 못했다.

문 왕실은 망했으나 나라와 민족은 살려야 한다는 것을 생각해본 일이 있는가?

답 생각은 했으나 방도가 없었다.

자칭 애국자 이종형

박흥식에 이어 두 번째로 반민특위가 체포한 인물은 당시 『대한일보』(大韓日報)라는 극우신문을 발행하던 이종형으로 그는 제2대 국회의원에 당선된 인물이기도 했다. 그는 당시 반공투사를 자칭, 반민법 제정 반대에 앞장섰으며 뒷전에서는 테러리스트인 백민태·신동운(申東雲)·박임호(朴林虎)·김시제(金時齊) 등과 접촉하면서 극우테러를 사주했던 인물이었다.

『대한일보』는 처음에는 제호를 『대동신문』이라고 했다가 바뀐 것으로 반민법이 제정되자 사설을 통행 "반민법은 망국법"이라고 공공연히 공격하고 "매국노의 앞잡이인 국회의원을 숙청하라"는 등 국회를 모독하는 사설을 연일 보도하여 급기야는 1948년 11월 27일 제115차 국회 본회의에서까지 문제가 되었다.

그는 1월 10일 오후 8시 반쯤 특위조사관이 체포영장을 가지고 잡으러 갔을 때도 권총을 빼들고 앙탈을 부렸으며 특위에 끌려와서도 "나는 애국자다. 나를 친일파로 몰아 잡아넣다니 이럴 수가 있느냐. 내가 풀려나는 날 빨갱이 회색분자를 모조리 토벌하겠다"고 날뛰었던 인물이었다.

이종형의 담당 재판부는 제2부(재판장 노진설)였고 담당 검찰관은 독립투사인 이동녕(李東寧)의 아들인 의학박사 이의식이었는데 그의 변화무쌍한 경력이 담긴 기소장을 살펴보자.

죄명: 반민법 제3조 제4항 및 제7조 위반

범죄 사실:

　1. 피고인 이종형은 일찍이 일본 와세다대학 정경과를

졸업하고 기미운동 사건으로 징역 19년을 받고 복역 중 감형되어 9년 만에 출감된 자로서, 그 후 1930년 여름에 만주에 건너가서, 나는 한국 독립운동자라 칭하고 당시 만주 정부 요인인 길림성(吉林省) 군법처장 왕(王) 씨를 통하여 길림감군 장작림(張作霖)과 동 참모장 희흡과 결탁하고 소위 초공군 사령부를 조직한 후 피고인 자신이 그 고문 겸 군재판관에 취임하는 한편 군경 지휘권까지 획득한 권한을 이용하여 약 5개월간에 달하여 돈화(敦化) 일대를 배회하면서 한인(韓人) 공산당원을 토벌한다는 구실 밑에 길림성 돈화현 왕도하 등 부락에 살고 있는 애국지사 50여 명을 체포하여 그중 17명을 교살 또는 투옥시켰고

2. 피고인은 1931년경 동북군 총사령부 겸 동삼성(東三省) 순열사(巡閱使) 위내 고문으로 피임되어 주로 한일문제와 일본 외교문제 담당 책임자로 재임 중 동년 5월경에 돌연 한만(韓滿) 민간 충돌 사건(만보산萬寶山 사건)이 폭발되자 당시 『조선일보』의 장춘(長春)지국장이요, 애국지사인 김이삼(金利三)이 전기(前記) 충돌 사건에 대하여 그 사실을 같은 신문사에 보도 기재한바 피고인은 김이삼을 일본영사관 주구로서 만보산 사건이 없음에도 불구하고 대서특필하여 허위 보도한 것은 우리 한인에 대하여 큰 영향이 미치게 한 것이라고 단정하고 연후 김이삼 죄는 응

당 죽여야 된다고 하여 즉시 김이삼을 장춘으로부터 길림시의 피고인 자택에 소환하여 그 즉시로 체포 감금했다가 약 5, 6시간 후 석방한다는 형식으로 일시 길림시 우마황연동호여관에 귀환시킨 후 부하를 시켜 동 여관에서 김이삼을 총살시켰다. ⋯⋯

이종형의 재판은 시종일관 반민법 자체가 부당하다는 피고인 측의 억지로 분위기가 험악해 주목을 끌었다. 그 광경 일부를 소개해본다.

문 피고는 지금 검찰관이 기소한 내용에 따라 심문받을 터인데 어떻게 생각하는가?
답 사실 심리가 무엇이냐? 기소 사실의 내용부터 부당하다.
문 묻는 말에만 순서대로 답변하라.
답 순서대로라니? 공산당을 토벌했다고 재판하는 이 법정에서는 재판을 못 받겠다. 공산당을 타도했다고 재판받는다면 여기 앉아 있는 재판장 자신이 재판받아야 될 것이다. 이동녕 선생이 애국자인데 그의 아들인 너 이의식이 너의 아버지 못지않은 나 같은 애국자를 심판할 수 있는가? 대한민국에서는 반공주의자를 처단할 수 없다. 김일성 법정이 아닌 이 법정에서 나를 심판한다고?

문 사실대로만 말하라.

답 석오(石吾, 이동녕의 호) 자제인 검찰관이 나에게 학살 운운했는데 도대체 학살이란 어디서 가져온 말인가? 조서를 작성할 때도 이런 말을 안 했는데……

문 학교는 어디를 나왔나?

답 와세다대학 정경과를 나왔다.

문 그 후에는?

답 독립운동을 했다.

문 독립운동이라니?

답 만주 벌판에서 굶주린 우리 동포들과 나라를 위하여 독립운동을 했다.

문 조서에 수범으로서 2년 동안 있었다는데?

답 기미운동 때 12년 징역형을 받고 9년 동안 함흥에서 복역했다.

문 범죄 내용은?

답 종로서에서 일본놈 경찰 두 명을 때려죽인 죄로 형을 받았다.

문 2년 반은 아닌가?

답 2년 반은 대전에서 받았다.

문 그 후는?

답 만주 길림에서 마침 공산당이 난을 일으켜 잔학한 행동을 하기에 나는 당시 장학량(張學良)과 손을 잡고 독립운동 사령부를 조직하고 독립운동을 전개했다. 이때 공산주의자들은 내가 해방 후 『대동신문』에 있을 때와 같이 만주 벌판에서도 새빨갰다. 이런 애국자가 오늘 이 자리에 나설 하등의 이유가 어디에 있는가?

문 그 후에는?

답 8년 전 아내인 이취성(李翠星)과 결혼하여 대련(大連)에서 생과(청과물) 장사를 해가며 독립운동을 했다.

문 그 후에는?

답 지금 아내까지 잡아넣고 만족들하고 있지 않나. 나를 가짜 독립운동자라 했지만 진짜 독립운동을 했다.

문 해방 후에는?

답 9월에 만주에서 나와 『대동신문』을 경영하여 인공(인민공화국)을 쳐부수고 중간파·한민당 모리배 등을 숙청하고 또 지금 시행하고 있는 반민법을 반대했다.

이상에서 본 바와 같이 이종형은 반민 공판 자체를 무시하는 태도를 보였고 재판이 끝나서도 "나를 못살게 하는 자들은 내가 석방되면 모두 토벌하겠다"라고 발악하기도 했으니 끝내는 유죄 판결을 받았다.

변절을 후회하는 최린

「기미독립선언서」에 서명했던 33인 중 한 사람인 최린이 민족반역자로 낙인찍혀 심판받게 된 것은 민족의 비극이었다. 당시 최린은 72세의 고령으로 자기의 모든 행적을 참회하는 듯 재판장의 신문에 울먹이기도 했다. 3월 30일 개정된 법정에서 서성달 검찰관이 낭독한 기소장을 바탕으로 그의 변절된 모습을 살펴보면 다음과 같다.

죄명: 반민법 제4조 제2, 3, 10항 위반

범죄 사실: 피고인 최린은 함경남도 함흥 출생으로 일본 메이지대학 법과를 졸업하여 보성중학교장 및 보성전문 강사를 역임하고 기미독립운동 시 33인의 1인으로서 천도교회의 대표로 기독교, 기타 종교단체와 연합하여 독립운동을 추진했으므로 인하여 형무소에서 3년간 복역하고 그 후 천도교중앙종리원 등 장로로 있던 자인 바,

1. 1934년 이른 봄부터 1937년까지의 약 3년여, 1939년부터 1945년 8월 15일 해방 시까지의 약 6년에 도합 9년여간 조선총독부의 유일한 자문기관인 중추원 칙임참의로서 조선총독의 자문에 의하여 총독정치에 기여하고

2. 1934년부터 약 1년 반 조선총독인 우가키의 정책인

자력갱생 농촌진흥 문제를 이양받으려는 목적으로 설립된 기관인 시중회(時中會)의 이사로 취임하여 수양도장 건설을 계획 시도하고

3. 1937년부터 약 2년간 당시의 『경성일보』의 부속인 『매일신보』가 조선총독부의 기관지로서 조선문 신문으로 독립됨에 있어 이의 사장으로 취임하여 신문 보도로써 조선 민중을 중일전쟁에 강제 협력케 하고

4. 1939년 중일전쟁 추진단체인 임전보국단의 단장에 취임하여 동년 초가을(일시 미상) 부민관에서 「읍소」라는 제목으로 대세에 순응하여 전쟁에 협력하라는 내용의 강연과 종로4가에서 중일전쟁 추진채권 가두판매에 참가하고

5. 피고인이 천도교의 장로로 있을 때 천도교회 명의로 비행기 1대(용담기龍潭機)를 일본군에게 헌납하고

6. 1945년 3월 『매일신보』에 「2,600만 돌격의 군호(軍號)」라는 제목으로 소위 대동아전쟁에 적극적으로 참가하라는 내용의 담화를 발표하여 일본이 벌인 전쟁에 협력케 지도한 자임.

기소장 낭독에 이어 곧바로 사실 심리에 들어간 최린의 반민 공판은 모두의 가슴을 짓누르는 침통한 분위기였다.

최린(오른쪽)은 반민특위가 활동을 개시한 지 5일 만인
1949년 1월 13일 명륜동 자택에서 체포되었다.
「기미독립선언서」에 서명했던 33인 가운데 한 사람으로,
청장년 시절 항일운동에 매진했던 그가 해방된 조국의 법정에서
민족반역자로 지목돼 심판받는 것은 민족의 비극이었다.

문 피고의 경력은?

답 별로 변변치 않다. 일본 유학한 후 조선의 긴급한 문제는 교육에 있다고 생각하고 보성중학에 약 10년간 있었고 보성전문학교에서 헌법과 재정학 등을 강의하다가 독립운동의 33인의 한 사람으로 일하다가 일제에 체포되어 3년간 징역한 후 천도교에서 일했다. 여하간 과거에 지낸 일을 지금 와서 생각하면 다 과오라고 생각한다.

문 청년 시대에 활약한 일이 많았다는데, 22세 때 함흥서 처음으로 서울에 올라와 개화당과 관계를 맺고 일심당(一心黨)에 관련이 있었다는데, 이 조직체가 발각되어 일본으로 망명한 일이 있었다는데 사실인가?

답 있다.

문 27세 때 황실의 특파로 동경부립 제2중학에 입학한 사실이 있는가?

답 그렇다.

문 을사조약을 반대하다 퇴학당한 사실이 있는가?

답 『보지(報知)신문』에서 을사조약 기사를 읽고 제2중학을 그만두었다.

문 구판 사건과 피고인의 관계는?

답 인형으로 도쿠가와 이에야스(德川家康)를 앉혀놓고 조선왕을 또 인형으로 만들어서 도쿠가와에게 굴복하게 한

악희(惡戲)를 보고 때려 부순 일이 있다.

문 경술합방 시에는?

답 선배가 있으니까 일개 서생으로 말하기가 거북하나 국제문제라고 이를 생각하고 영사관과 공사관에 불을 지르려 했다.

문 피고인은 어떤 정치사상을 지니고 있는가?

답 특별한 이상이야 없지만 첫 단계로는 합방 시부터 기미독립운동까지는 어떻게든지 독립운동을 해야겠다고 생각했고, 둘째 단계로는 일본놈이 만주를 침략하려고 할 때부터 피고인의 생각은 다소 변하여서 민족을 보전해야겠다고 생각했다. 그래서 일본까지 들어가서 일본의 동태를 살피며 또한 일본이 만주를 침범할 때 머지않아 동양에 변동이 올 것을 생각하고 고민 끝에 될 수 있는 대로 민족의 보전을 더 소중히 생각했다.

문 민족문제와 국가문제는 어떠한 차이가 있는가?

답 약소민족과 강력한 국가의 차이는 다만 병력에 있지만 민족문제는 여러 가지 방법이 있다고 생각한다. 정치·경제·민족문제의 앙양으로써 민족운동을 할 수 있겠다.

문 청년 시대를 통해 보면 혁명가적 소질이 풍부한 것 같은데 혁명에 대한 견해는 어떠한가?

답 혁명에는 두 가지가 있다고 본다. 하나는 무력혁명이요, 또 하나는 정신혁명이라고 본다.

문 기미운동의 취지를 어떻게 보는가?

답 철두철미 독립운동이며 혁명운동이라고 생각한다.

문 기미운동에 대한 감상은?

답 어떠한 당파운동이 아니고 조직적이고 통일적인 혁명운동이라고 생각한다.

문 3·1운동 당시 중요한 역할을 했다는데?

답 죄를 진 나 같은 놈은 이제 죽어도 한이 없다.

문 천도교와 총독부의 관계는?

답 일본놈들은 3·1운동을 지낸 후 피고를 동 운동의 주모자로 보고 감시했다. 그들 일본놈은 조선인을 이용할 대로 이용하면서도 겉으로는 천도교도들을 간섭하지 않는 것처럼 했다.

문 천도교인들에 대한 대우는?

답 교인을 협박 공갈하고 교회에 나가지 말라고 했다.

악질 고등경시 김태석

반민 재판에서 맨 처음 최고형인 사형이 구형된 반민자는 일제 고등계 경시를 거쳐 중추원 참의까지 지냈던 김태석이었다. 당시 67세였던 김태석은 많은 반민법 해당자 가운데서도 가장 악질로 손꼽히던 인물로 총독 사이토에게 폭탄을 던졌던 애국투사 강우규 의사를 체포하여 사형을 받게 한 것으로 유명했다.

그의 경력과 죄과는 검찰관 곽상훈이 작성한 기소장에 잘 나타나 있다.

죄명: 반민법 제4조 제2, 4, 5항 및 제5조 위반

범죄 사실: 피고인 김태석은 본적지에서 보통학교를 졸업하고 융희 3년 3월 서울관립 한성사범학교를 졸업한 후 일시 평양공립보통학교 훈도로 근무하다가 일본대학 야간부 법과 2년을 수료하고 1909년 충남공립보통학교 훈도를 위시하여 평양공립보통학교 훈도를 지낸 후 1912년 9월에 조선총독부 경찰관 통역생으로 진출하여 함북 웅기경찰서, 평남 광양만경찰서, 평양경찰서를 전전 근무 중 1918년 3월 경무부 총감부 고등경찰과로 전직되어 1919년 8월 경찰관 제도 변경으로 경기도 고등경찰과 근무 중 1923년 8월 경시로 승진되어 경기도 형사과장으로 근무하다가 동년 퇴직하고 다시 1924년 12월 경기도 가평·연천·부천군수를 거쳐 1938년 6월 경상남도 칙임참여관 겸 산업과장으로 전직하여 1940년 9월에 우직을 사

임하는 동시에 종(從) 4위 훈(勳) 4등을 차지했고 1944년 6월에 중추원 칙임참의로 피임되어 강도 일본 제국주의에 가장 충성을 다한 자로서

1. 피의자 김태석은 경기도 경찰부 고등과 경부 재직 시 1929년 9월 17일 서울 종로구 누하동 17번지 임재상(林在相) 방에서 동년 9월 1일 경성역전에서 신임하여 오는 조선총독 사이토에게 투탄한 강우규 선생을 체포하여 사형케 하고 동 사건의 연루자인 허형(許炯), 최자남(崔子南), 오태영(吳泰泳) 등 조선 독립운동자를 검거 투옥케 함을 위시하여

2. 피고 김태석은 1920년 7월 20일 그의 밀정 김진규(金珍奎)를 이용하여 밀양폭탄 사건의 선동자인 이성우(李成宇), 윤소룡(尹小龍)을 체포하여 취조한 결과 곽경(郭敬)을 통하여 김병환(金炳煥) 집에 폭탄 2개를 임치했다는 사실을 알고 급히 수사한 결과 폭탄을 발견하여 당시 피의자에게 혹독한 고문과 잔인한 수단으로써 취조를 단행하여 사건성립에 많은 공을 남기고

3. 피의자 김태석은 1921년 10월 말경 그의 밀정 김인규(金寅圭)의 보고에 따라 조국 광복운동자 단체인 조선의용단 사건 주동자인 김휘중(金輝重)을 서울 종로구 와룡동 모 하숙집에서 체포 취조한 결과 그 연루자인 황정

연(黃正淵)을 검거했으며

　4. 피고인 김태석은 1915년 세칭 일심사(一心社) 사건에 대해 평양경찰의 근무임에도 불구하고 서장의 특명으로 동 사건의 일부를 취급하여 결과적으로 사건에 도움을 주었으며

　5. 피고인 김태석은 1938년 경상남도 칙임참여관 겸 산업과장으로 지원병 모병시험관을 겸무하면서 출병케 한 자이며 애국 청년 15명을 출병케 한 자다. ……

　김태석의 공판은 피고가 처음부터 끝까지 범죄사실을 부인해 반민특위 관계관은 물론 모든 방청객의 분노를 샀는데, 하도 뻔뻔스럽게 공소사실을 부인해 정신감정을 받기도 했다. 또 김태석의 변호인으로 선임된 오숭은(吳崇殷)은 "피고가 경찰에 재직할 당시는 독립운동가가 사태가 나다시피 많았다. 최자남, 황삼규(黃三奎)같이 폭탄을 일시 맡았다는 것으로써 애국지사라고 할 수 없다. 피고는 그러한 가짜 혁명투사를 잡았던 것"이라는 과잉 변호를 하여 분노한 검찰관 곽상훈에게 반민법 제7조 위반혐의로 구속되는 물의를 빚기도 했다. 재판부(재판장 노진설)는 1949년 6월 14일 김태석에게 무기징역과 50만 원의 재산몰수형을 선고했다. 김태석의 철면피한 태도를 살펴보자.

문 다이쇼 5년에 경찰에 들어간 것은 사실인가?

답 사실이다.

문 그때에 일본말을 했는가?

답 했다.

문 경찰에 들어간 동기는?

답 경찰은 내가 다니고 싶어 들어갔다. 당시 데라우치(寺
內正毅) 암살 사건에 피고의 선배들이 많이 참가했는데 일
경들은 덮어놓고 검거 투옥했으며 또 말이 통하지 않아
공판 시일이 연기되므로 분격을 느끼고 흑은 흑으로 백은
백으로 분별하기 위하여 경찰에 들어간 것이다.

문 사법계에 피고가 있을 때 사상범을 취급한 사실이
있지?

답 절대로 없다.

문 기미만세운동 당시 학생 사건을 취급했다지?

답 아니다. 절대로 없다. 나는 심부름꾼에 지나지 않았다.

문 그러나 조선 인으로서 일인에게 피고가 보고하여야만
되지 않았나?

답 그것은 나 혼자 한 일은 없다. 거듭 말하지만 일본말로
고즈카이(小使)에 지나지 않았다.

문 고등경찰 근무 시 독립만세 사건이 일어났을 때 그때
피고인이 취급한 것은 무엇인가?

답 기미독립만세 사건의 범위는 참 넓다. 심지어 우리 집에서도 독립만세를 불렀으며 나도 만세를 불렀다. 그리고 또한 경관도 만세를 불렀다.

문 그렇다면 어찌하여 고등경찰에 있었는가? 있고서야 그럴 수가 있나?

답 그때 그 자리에 안 있을 수가 없었다.

문 피고는 독립만세 사건 당시 진심으로 우러나와 조선인을 체포했는가?

답 그때 그놈들이 잡으라고 하는 통에 할 수 없이 했다. 사실 조선인 마음이야 다 같지 않은가?

문 경시로서 형사과장 자리에 앉아서는 무엇을 했는가?

답 그것은 단순히 사무적인 일에 불과했다.

문 여하튼 피고의 말을 들으면 경찰관으로서는 도저히 이해 못 할 말을 하는데?

답 다른 사람은 몰라도 피고인은 그저 이놈 잡아라, 저놈 잡아라 하는 바람에 그대로 했을 따름이다.

문 그렇다면 재직 시에는 대체로 무슨 일을 했다는 말인가?

답 지방에서 일을 했는데 피고가 말하기에는 좀 거북하지만 피고 자신으로선 정말 조선인을 위해서 일을 했다.

문 그러나 아무리 지방이라도 그 당시는 역시 조선총독부의 지시와 명령에 따라 일을 했을 것이 아닌가?

답 아니다. 지방은 그렇지도 않았다.

문 피고는 우가키 총독 때 함경도 참여관이 되었다는데 그것은 무슨 일을 하는 것인가?

답 이것도 또한 나의 자랑 같아서 말하기 거북하지만 함남 농촌진흥 운동은 내무부장도 못하고 또 누구누구도 못하던 것을 피고가 3개월간 고군분투하여 되었던 것인데, 이에 대한 공로로 참여관을 하나 얻은 것이다.

문 그다음에는 경남 산업과장으로 가서 무슨 일을 했는가?

답 가기는 갔으나 일은 하나도 하지 않았다.

문 중추원 참의에 있을 때 무슨 일을 했는가?

답 시키니까 받았다. 받은 이상 여지껏 일해오던 놈이 별안간 안 할 수야 있겠는가? 안 한다고 별도리 없고 일은 했으나 대단치 않았다. 간단히 말하면 내선일체란 일본인만 잘났다고 떠들면 되지 않고 융화를 하여야 된다고 말했다.

문 피고는 고등계에 있을 때 일심사 사건을 모르는가?

답 모른다. 그 사건은 피고가 취급하지 않고 다른 사람이 한 것을 피고가 심부름했다.

문 하여간 취급한 것은 사실인가?

답 취급이라는 것보다는 남의 심부름을 대신했다는 것이다. 조선의 사상범이라면 조선인으로서 취급할 도리가 있겠는가?

문 그러나 김태석에게 고문을 당한 사람이 많은데?

답 헌병으로 있었다면 했을지 모르지만 경찰로서 그런 일을 했을 리가 만무하다. 증인을 불러와 신문을 하는 것이 아마 좋을 줄 안다.

문 증인이 있는데.

답 어디 누가 당했는가?

문 김태경(金泰敬)이 고문당한 사실을 특위에 출두해 증언하며 "김태석이라면 삼척동자도 떨 것입니다"라고 말했는데?

답 당시 김태경 같은 불량배를 한 달이나 유치장에 넣어 놓고 밥을 먹였을 리 만무하며 정신병자가 아니면 그자가 그런 말을 할 리가 없다.

문 피고가 고등경찰에 있을 때 중대 사상 사건 8할 이상을 취급했다는데?

답 그렇게 많이 어떻게 다 할 수 있겠는가? 지휘한 것은 없고 단순히 지휘받을 따름이었다.

문 서울역에서 폭탄 사건이 발생할 때 참관했다지?

답 했다.

문 그때 강우규 선생이 투탄한 사실을 좀 진술해보라.

답 역에서 신문기자가 사이토의 사진을 찍을 때 폭탄을 던지는 것을 보았다.

문 강우규 선생을 피고가 체포했지?

답 그것은 천만의 말씀이다. 강 선생은 9월 12일 종로서에 자수했다.

문 그때 피고는 강 선생을 수색했다는데?

답 피고는 그 사건에 전혀 관계치 않았다. 피고는 당시 병이 나서 1주일 만에 변소에 겨우 갈 정도였다.

문 피고가 종로서에서 강 의사를 취조했다는데?

답 아니다. 피고가 강 선생을 취조했다면 제법 값이 나갔을 것이 아닌가?

무기징역형을 선고받은 김태석은 그 후 재심 청구 끝에 감형되어 그 이듬해인 1950년 봄에 자유의 몸이 되었다.

참회의 나날을 보낸 김연수

김연수는 1949년 1월 21일 반민특위에 구속되어 구속 취소로 풀려난 3월 30일(첫 공판일)까지 줄곧 자기의 과오를 회오

하는 등 참회의 날을 보내 조사관들에게 동정을 받았는데, 그는 석방 후에도 일체 공적인 일을 떠나 은둔 생활을 했다.

반민특위 검찰부도 이 같은 김연수의 회개를 참작, 처벌 없이 재산 일부 몰수와 공민권 정지라는 이례적인 구형을 했고 재판부(재판장 이춘호)도 무죄를 선고(1949년 8월 6일)했는데, 이날 반민특위 활동 보도에 인색했던 『동아일보』는 호외까지 발행, 그의 무죄를 크게 보도했다.

죄명: 반민법 제4조 제2, 7, 10, 11항 위반(검찰관 김웅진)

범죄 사실: 피고인은 1921년 3월 일본 교토(京都)제국대학 경제학부를 졸업하고 1922년부터 1939년까지 경성방직주식회사를 위시하여 중앙상공주식회사, 만주국 봉천 소재 남만방직주식회사의 소장으로 취임하는 한편 조선인 회사 및 일본인 회사 약 15개 회사의 중역으로 피임되어 조선방직 등 실업계에 상당한 권위와 존재를 보유한 자로서 1932년에 경기도 관선 도평의원에 피선되었고, 1939년에 만주국 명예총영사로 피임되었고, 1940년에 총독의 자문기관인 중추원 칙임참의로 피임되었고, 1940년에 조선인을 일본의 전쟁에 적극적으로 협력시키기 위하여 소위 임전보국단이라는 것이 결성되자 동단 간부로 피선되었고, 1942년 초경에 조선인을 총동원하여 전쟁에 적

극적으로 협력시키기 위하여 조직 결성된 국민총연맹의 후생부장으로 피임되었고, 동년 말경에 조선의 장래에 유익한 지식인 청년 학도를 여지없이 말살시키기 위해 일본이 가장 악랄한 방법으로 제정한 소위 학병제도를 실시하는 데 그 제도의 정신과 취지를 고의로 호도 선전하여 순진한 청년 학도의 심리를 혼돈시켜 지원병으로 지원하도록 하기 위한 학병제도 유세차 동경 파견단에 참가하여 동경 소재 메이지대학 강당에 참집한 재동경 조선인 유학생에게 학병제도 정신함양을 위한 강연을 한 자이다.

「나의 고백」 쓴 이광수

춘원 이광수가 반민특위에 검거된 것은 반민특위가 2차로 문화계 인사들에게 손을 대기 시작한 1949년 2월 7일이었다. 이광수는 해방 후 신촌의 봉원사와 사릉(思陵) 등을 은신해 다니다가 세검정에서 반민특위 조사관 서정욱(徐廷煜)에게 체포되었다. 이광수는 반민특위 조사관이 체포하러 가자 "진작 자수하려 했으나 용기가 없어 못 했다"라고 머리를 숙였다. 그는 체포 당시 중증의 폐결핵을 앓아 마포형무소에 수감되어서도 각혈을 하면서 「나의 고백」이란 참회서를 써 반민특위에 제출했으나 빈축만 샀다.

1939년 조선인문인협회장에 추대되면서부터 일제에 협력하기 시작한 춘원은 끝내 그 이듬해에는 가야마 미쓰로(香山光郎)라고 창씨개명을 하고 군민복 차림으로 황도정신을 외쳤으며, 동경에 건너가 이성근, 김연수, 최남선 등과 함께 학병에 지원하도록 강연을 했다. 그는 1944년 11월 4일 당시 『매일신보』에 학병을 권유하는 시까지 발표하여 세인들의 빈축을 샀다.

성전(聖戰)의 용사로 부름 받은 그대 조선의 학도여 지원했는가.
학병을 그래 무엇으로 주저하는가, 부모 때문인가.
충 없는 효 어데 있으리 나라 없이 부모 어데 있으리 그래처자 때문에 주저하는가.
자손의 영광과 번창이 이 싸움 안 이기고 어데서 나리
그대들의 나섬은 그대 가문의 영화이며 3,000만 조선인의 살길
남아 한번 세상에 나 이런 호기 또 있던가.
위국충절은 그대만의 행운
가라 조선의 6,000 학도여.

이광수는 해방이 되자 자기의 친일행적을 변명하는 글을 지상에 발표한 적이 있었으니, 그는 「돌베개」라는 작품에서도 자신의 친일의 변을 썼고, 김동환(金東煥, 『매일신문』 전무로 역시 반민자로 체포됨)이 발행한 『삼천리』라는 잡지에도 「나는 독립국의 자유민」이란 글을 썼으며, 「나의 고백」이란 글을 발표한 바도 있었다.

그러나 이광수는 반민자로 구속된 후 마포형무소 감방에서 다시 고백서를 썼다. 1주일 이상 밤을 새우다시피 쓴 고백서에서 "12월 8일 대동아전쟁이 일어나자 나는 조선 민족이 대위기에 있음을 느끼고 일부 인사라도 일본에 협력하는 태도를 보여줌이 민족의 목전에 임박한 위기를 모면하는 길이라 생각하고 기왕 버린 몸이니 이 경우에 희생되기를 스스로 결심했다"고 자신의 친일 동기를 서술했다.

그는 또 학병 권유문제에 대해서는 "동경에 가서 학병을 강요하게 된 것은 학병을 나가지 않으면 학병을 나가서 받는 것 이상의 고생을 할 것 같기에 권했다. 당시 고이소의 태도로 보나 정세로 보나 학병을 나가는 것이 유리할 것 같았고 황민화의 길만이 조선 민족이 살아남는 길이라고 생각했다"고 자기의 과거 친일행적에 대한 변명을 늘어놓았다.

그는 체포된 지 한 달이 채 되지 못한 1949년 3월 4일 병보석으로 풀려나 자유의 몸이 되었으나 결국 6·25 때 납북당하는 비극의 주인공이 되었다.

최남선의 자열서

춘원 이광수와 같은 날 반민특위에 구속된 육당 최남선은 「기미독립선언서」를 기초한 당대의 문필가였으나 그도 일제의 온갖 회유와 협박 등에 못 이겨 끝내는 변절자라는 낙인이 찍힌 채 역사의 심판을 받은 비극적 인물이었다. 최남선은 체포 당시 우이동의 자택에서 외부와의 교섭을 단절한 채『조선역사사전』의 원고를 집필하고 있었는데, 일찍이 위당(爲堂) 정인보(鄭寅普) 선생이 그가 일제의 권유로 만주국 건국대학 교수로 초빙되자 술을 최남선의 집 대문 앞에 부어놓고 "이제 우리 최남선이 죽고야 말았다"고 대성통곡할 정도로 그의 변절을 애통해했다는 말도 전해지고 있다. 최남선은 마포형무소에서 자기의 죄과를 뉘우친「자열서」(自列書)를 작성했는데, 그 전문을 소개한다.

자열서
민족의 일원으로서 반민족의 지목을 받음은 종세(終世)에 씻기 어려운 대치욕이다. 내 이제 그 지탄을 받고 또 거기 이유가 없지 아니하니 마땅히 공구(恐懼)이 성(省)하기에 겨를치 못하려든 다시 무슨 구설을 놀려 감히 문과식비(文過飾非)의 죄를 거듭하랴.

해방 이래로 중방(衆謗)이 하늘을 찌르고 구무(構誣)가 반(半)에 지나되 이를 인수(忍受)하고 결코 탄하지 아니함은 진실로 어떠한 매라도 맞는 것이 자회자책의 성의를 나타내는 일단이 될까 하는 생각이 있기 때문이었다.

그러나 국법의 규명을 만나서 사실의 진실을 밝히려 하시는 상의(上意)를 거스르지 못할 자리가 되니 진실로 들기 어려운 일필을 들기는 하되 망연히 조사(措辭)할 바를 알지 못하겠다. 이왕 이때 범과수오(犯過受汚)의 시말을 조열(條列)하여 심리상의 일조나 되기를 기하며 힘써 논설과 석명을 피하려 한다.

나의 생활이 약간 사회적 교섭을 가지기는 12, 13세의 문필 장난에 시(始)하지마는 그때로부터 3·1운동을 지내고 신문사업에 부침하기까지 이 논제에 관계될 사실이 없다. 문제는 세간에 이르는바 변절로부터 시하여 변절의 상은 조선편수위원의 수임에 있다. 무슨 까닭에 이러한 방향전환을 했는가. 이에 대하여는 일생의 목적으로 정한 학연(學研)사업이 절체절명의 위기에 빠지고 그 봉록과 그로써 얻는 학구상 편익을 필요로 했다는 이외의 다른

친일파 시인 최남선은 민족대표 33인 가운데 한 명이었으며,
3·1운동 때 우리나라의 독립을 세계만방에 알리기 위한
「기미독립선언서」 초안을 작성했다.
하지만 3·1운동 후 감옥에서 2년 8개월을 복역하게 되었고,
출소 후 서서히 변절의 길을 걷기 시작했다.

말을 하고 싶지 않다.

　이래 십수 년간에 걸쳐 박물관 설비위원, 고적 보물·천연기념물 보존위원, 역사교과서 편정(編訂)위원 등을 수촉(受囑)하여 문화사업의 진행을 참관하여왔는데, 이 길이라고 반드시 평순하지 아니하여 역사교과서 같은 것은 제1회 회합에서 의견충돌이 되어 즉시 탈퇴도 하고 조선사 편수 같은 것은 최후까지 참섭(參涉)하여 조선사 37권의 완성과 기다(幾多) 사료의 보존시설을 보기도 했다. 이 조선사는 다만 고래의 자료를 수집 배차(排次)한 것이요, 아무 창의와 학설이 개입하지 아니한 것인 만치 그 내용에 금일 반민족행위 추구의 대상될 것은 1건 1행이 들어 있지 않을 것이다.

　조선사 편수가 끝나매 그 임직자들이 이리저리 구처(區處)되는 중에 내게는 어느 틈에 중추원 참의라는 직함이 돌아왔다. 그런 지 1년여에 중추원 대문에도 투족(投足)한 일이 없고 소위 만주 국립건국대학교 교수의 초빙을 받아서 감에 중추원 참의는 자연 해소되었다. 만주대학으로 갈 당초에는 인도에서는 간디, 노국(露國)에서 트로츠키, 중국에서는 호적(胡適)을 민족대표 교수로 데려온다 하는 가운데 나는 조선 민족의 대표로 가는 셈이었지마는 조선의 일본 관리는 민족대표라는 것이 싫다 하여 백방으로

이를 방해하고 일본의 관동군은 그럴수록 대표의 자격이
된다 하여 더욱 잡아 끌어가는 형편이었다.

저희들 사이의 이상파와 현실파의 갈등은 건국대학의
최초 정안(定案)을 귀허(歸虛)하게 했지마는 나는 그대로
유임하여서 조선 학생의 훈도와 만몽(滿蒙) 문화사의 강
좌 기타를 담당하고서 조강(祖疆)의 답사와 민족투쟁의
실제를 구경하는 흥미를 가졌었다. 건국대학의 조선 학생
은 어떻게 훈도했는지는 당시의 건대 학생에게 알아봄이
공평한 길일 것이다. 소위 대동아전쟁의 발발에 신경이
날카로워진 일본인은 나를 건국대학으로부터 구축했다.

고토에 돌아온 뒤의 궁악한 정세는 나를 도회로부터 향
촌으로 내몰았다. 이제는 정수내관(靜修內觀)의 기(機)를
얻는가 했더니 이사에 짐을 운반하는 도중에 붙들려서 소
위 학병 권유의 길을 떠나게 되었다. 국내에서도 공개강
연은 나서지 않던 내가 일반의 촉축하는 문제로서 멀리까
지 나감에는 자작지빈얼(自作之貧孽)에서 나온 1동기가 있
었다. 처음 학병문제가 일어났을 때 나는 독자(獨自)의 관
점에서 조선 청년이 다수히 나가기를 기대하는 의(意)를
가지고 이것을 언약한 일이 있더니 이것이 일본인의 가거
(可居)할 기화가 되어서 그럴진대 동경행을 하라는 강박
을 받게 된 것이었다.

당시 나의 권유론자는 차차(此次)의 전쟁은 세계 역사의 약속으로 일어난 것이매 결국에는 전 세계 전 민족이 여기 참가하는 것이요, 다만 행복한 국민은 순록(順綠)으로 참가하되 불복한 민족은 역록(逆綠)으로 참가함이 또한 무가내하(無可奈何)한 일임을 전제로 하여 우리는 이 기회를 가지고 이상과 정열과 역량을 가진 학생 청년층이 조직, 전투, 사회 중핵체 결성에 대한 능력 취위성(取爲性)을 양성하여 임박해 오는 신운명에 대비하자 함에 있었다.

이것은 공개·비공개를 통해서 누천(累千) 학생과 대론(對論)한 것이며 내가 이런 말을 아니했다고도 못 하는 동시에 들은 이 듣지 않았다 할 리 없으매 그 상세한 것은 또한 그런 이의 입을 빌렸으면 한다. 태평양전쟁은 예기보담 일찍 끝나고 우리의 소기(所期)는 죽도 밥도 다 되지 않고 말았으매 남은 것은 나의 시세에 암우함이요, 학생 청년들에게 무의무수(無義無受)했음이요, 또 반민지탄의 1조 첨가뿐으로 되었다.

이상의 밖에 나에게 총집(叢集)하는 일죄백(一罪百)은 국조 단군을 속여 드디어 일본인의 소위 내선일체론에 보강 재료를 주었다 함이다. 상래(上來)의 몇 낱 항왈(項曰)은 일이 다만 일신의 명절(名節)에 관계될 뿐이매 그 동기 경과 내지 사실 상태에 설사 진변할 말이 있을지라도 나는 대개 인묵(忍默)하고 만다. 그러나 이 국조문제는 그것이 국민정신의 근본에 저촉되는 만큼 일언의 변파(辯破)를 답왈(答曰)치 못할 것이 있는가 한다.

대저 반세기에 걸치는 나의 일관한 고행이 국사 연구, 국민문화 발양에 있어옴은 아마 일반의 승인을 받을 것이요, 또 연구의 중심이 경망한 학도의 손에 말소 발각(撥閣)되려 한 국조 단군의 학리적 부활 및 그를 중핵으로 한 국민정신의 천명에 있었음은 줄잡아도 내 학구 과정을 보고 아시는 분이 부인치 아니할 바이다. 설사 용루 천식(淺識)이 제법한 성과를 거두지는 못했다는 점만은 필시 대방(大方)의 공인을 얻었다고 생각해도 불가하지 않을 것이다. 그런데 나의 국조 연구에 대한 실적도 진의가 일반으로 얼마나 인식되었을까 하고 실제에는 내가 단군을 일본의 조신(祖神)에 결탁하려 했다는 말이 꽤 유행하는 정도밖에 되지 아니함으로 보면 학설 중 보급의 어려움 및 그 대중 평가의 허무맹랑함에 다시금 호탄(浩嘆)을 금치 못할 것이다.

학리론을 여기 번제(煩提)함은 물론 옳지 않거니와 이제 다만 속류설(俗流說)이 무엇에 근거되고 또 그것이 어떻게 곡해인 것을 삽적(揷摘)하건대 내가 왕년에 불함문화론(不咸文化論)이란 것을 발표하여 동양의 문화는 남북 양계(兩

系)에 구분되고 그 북구(北區)의 문화는 단군의 고도(古道)를 중심으로 발전한 것이요, 단군문화는 실로 인류 전 문화의 중요한 일부를 형성하는 것을 주장한 일이 있다.

그중에도 자연히 일본도 단군 중심 문화의 일익임을 언급했다. 이는 물론 학문적 견지이지만은 일변으로 일본에 대한 정신상 장기전에 대비하자는 의도도 포함한 것이었다. 이 논을 왜곡하여 나를 악평하는 자가 있고 이것이 전전하여 소위 '내선일체'의 주장자라는 간언(奸言)을 유포하는 도배를 보게 되었다.

그러나 그 논설의 내용은 누구든지 바로 읽어보면 알 바로서 실은 단군문화로써 일본은 물론이요, 전 인류문화의 일반(一半)을 포섭하자 한 당돌한 제론(提論)에 불외(不外)하는 것이었다.

또 하나는 당시의 한일 관계를 장시간 계속할 것으로 보고 약간 불결한 경로를 밟고서라도 국조신앙을 우리의 정신적 지주로 확립하기를 기도하여 이러면 될까 저러면 될까 한 끝에 단군신전을 백악산(白岳山) 상에 굉대하게 건설하여 소위 조선신궁을 압도할 책(策)을 만든 일이 있었다. 이것을 일본인에게 개설(開說)할 때에 일본의 신도(神道)원리로 보아도 조선의 국토주신을 모르는 체할 수 없음을 이유로 하는 것이 당시 나의 주요한 논리였다.

오늘에 와서 보면 이것이 심히 위태한 행정(行程)이라 할 것이지만 이렇게라도 하여서 국조 단군을 우리 담배감 념원천(膽拜感念源泉)으로 번듯하게 신앙할 수 있는 기회를 만들었으면 한 것이 당시 나의 관념이었다. 이 계획은 상당히 희망이 있다가 마침 실현되지 못하고 결과로 얻은 바는 일본의 신사 내용을 한번 주시한 것뿐이었다. 이 사실은 아는 이는 알고, 모르는 이는 모르되 실로 당시의 내가 고심하면서 저지른 죄과이었다.

나를 내선일체론자로 횡언(橫言)하려는 이에 이유 삼을 것이 이 양단에 있겠지만 전자는 심한 곡해니까 더 말할 것 없고 후자는 견해 여하로써 시비가 다를 수 있을 것이다. 다만 시거나 비거나 그것이 내선일체를 위한 행동이 아닌 것만은 나의 양심으로 질언(質言)하는 바이다. 그러나 이로 말미암아 실제로 악영향을 사회 인심에 전급(傳及)한 것이 있다고 보면 나는 그 책임을 회피하지 않는다. 내가 생각할 수 있는 반민 해당의 조건은 대강 이상과 같은 듯하나 남이 보기에는 또 얼마나 많은 죄목이 있을지 모른다.

혹시 태평양전쟁 말기에 나의 명자(名字)를 도용한 위조 담화 내지 마음대로 변조 개작한 신문 원고, 강연 필기 중에 또 어떠한 것이 있을지 모르되 이러한 것에 대한 책임까지는 내가 질 수 없으며 또 설사 그러한 것들이라도 내가 당시에 기회 있는 대로 강조하기를 마지아니한 '해방의 시대' '희망의 접근'이라는 양대 안목을 끝까지 은폐하지 못했으리라고 나는 생각한다. 또 혹 전쟁 말기의 모종 단체 참가 같은 것을 선전하는 이가 있으되 평생에 문화 단체에 열명하기도 싫어함을 아는 이는 아는 바이며 다시 운위할 것이 없는 일이다. 나의 반생 행정을 돌아볼 때 토막토막이 실패, 죄다 암우함에서 온 것을 얼른 사과한다.

조국의 역사와 문화를 혼자 맡은 것처럼 걱정하여서 신분·명예의 어떻게 됨을 관념하지 않고 그때그때의 가능한 이것저것을 하겠다고 날뛰는 것이 이미 세간일류(世間一流)의 총명한 사람들의 몸을 사리고 가만히만 있음에 비하여 확실히 암우 그것이었다. 전후 50년에 온갖 환경의 제약을 무릅쓰고서 조국의 역사와 문화 하나를 목표로 매진할 뿐이고 그 노정이 가시덤불이거나 구정물이거나를 판별할 줄 모르는 것이 암우가 아니면 무엇이냐. 그만하면 일본이 패도(敗倒)하고 조국이 광복하여 지사, 인인(仁人), 학자, 능력자가 저절로 수용산출(水湧山出)하게 될 것을 예견치 못하고서 의중으로부터 장혈(壯血), 장혈로부터 백발까지를 일관하여 아무것을 희생하여서라도 이 일은 내가 해야 한다고 고집하여 나온 암우상은 제가 생각하여도 우스우며 남이 보기에야 오죽 민망할 것이냐. 그 험난한 애로를 겨우 뚫고 나오니까 거기 기다리고 있는 것이 내 반역의 영상을 그려내는 대명경(大明鏡)일 줄을 암우한 내가 어찌 염도(念倒)했을까.

나는 분명히 일평생 일조로(一條路)를 일심으로 매진한 것을 자신하는 자이다. 중간에 간랄(艱辣)한 환경, 유약한 성격의 내외 원인이 서로 합병하여서 내 외상에 흙을 바르고 내 행리(行履)에 가미를 씌웠을지라도 이는 그때그때의 외적 변모일 따름이요, 결코 심흥행(心興行)의 변전 변환은 아니었다. 이 점을 밝히겠다 하여 이 이상의 강변스러운 말을 더하지 않거니와 다만 조선사 편수위원, 중추원 참의, 건국대학 교수 이것저것 구중중한 옷을 연방 갈아입으면서도 나의 일한 실제는 언제고 시종일관하게 민족정신의 검토, 조국 역사의 건설 그것밖에 벗어진 일 없었음은 천일(天日)이 저기 있는 아래 감연히 명언하기를 꺼리지 않겠다.

그러나 또 나는 분명히 조선 대중이 나에게 기대하는 점은 어떤 경우에서고 청고한 지조와 강렬한 기백을 지켜서 늠호(凜乎)한 의사의 형범(型範)이 되어달라는 상식적 기대에 위반했다. 내가 변절한 대목, 즉 왕년에 신변의 핍박한 사정이 지조냐 학식이냐의 양자 중 그 일을 골라잡아야 하게 된 때에 대중은 나에게 지조를 붙잡으라 하거늘 나는 그 뜻을 휘뿌리고 학업을 붙잡으면서 다른 것을 버렸다.

　대중의 나에 대한 분노가 여기서 시작하여 나오는 것을 내가 잘 알며 그것이 또한 나를 사랑함에서 나온 것임도 내가 잘 안다. 그러나 나의 암우가 저의 걷고 싶은 길을 걸어서 수사(修史) 위원 이하의 많은 오점을 몸에 찍었다. 그런데 그것이 금일 반민법 저촉의 조건임이 명백한 바 이 법의 처단을 받기에 무슨 비겁한 체를 할 것이냐. 도리어 준엄한 수형 하나에 저의 책임의 경감을 기함이 당연할 것이다.

　반민법이 무론 그 법 그것으로도 존중해야 할 것이다. 그러나 나는 다만 위력을 가진 법이기 때문에 이를 무서워함이 아니다. 이 법의 뒤에 국민 대중이 있음을 알며 그네의 비판과 요구가 이 법을 통하여 표현되는 것임을 알기 때문에 이 법에 그 법문 이상의 절대한 권위를 감념(感念)하는 자이다. 까마득하던 조국의 광복이 뜻밖에 얼른 실현하여 이제 민족정기의 호령이 굉굉히 이 강산을 뒤흔드니 누가 이 앞에 숙연히 정금(正襟)치 않을 것이냐. 하물며 몸에 소범(所犯)이 있어 송연(悚然)히 무부자축(撫膚自縮)할 자야 오직 공손히 이 법의 처단에 모든 것을 맡기고 그가 질편초(叱鞭楚)를 감수함으로써 조금만치라도 국민 대중에 대한 공구참사의 충정 표시를 삼는 것 이외에 다른 것이 있을 수 없다. 삼가 전후 과루(過淚)를 자열(自列)하여 엄정한 재단을 기다린다.

단기 4282년 2월 12일 마포형무소 구치 중에

최남선

반민족행위특별조사위원장 전

수배 중에 활보하던 노덕술

세칭 서울시경 고문치사 사건의 배후 인물로 수배를 받고 있던 전 서울시경 수사과장 노덕술은 앞에서도 기술했듯이 반민특위 요원 암살음모의 범인으로 지목당한 인물로 그의 체포는 국회에서까지도 논란의 대상이 되었다. 30여 년 동안 경찰에 몸담고 있던 그는 수사의 손길을 교묘히 벗어나 동화백화점 사장이었던 이두철의 집에 은신 중 특위의 김명동 위원이 지휘하는 특경대에게 검거되었다. 체포 당시 그는 4명의 호위경관을 거느리고 6정의 권총과 현금 34만 1,000원이란 거액을 지니고 있어 장안의 화제가 되었는데, 수배 중에도 내무부 장관 윤치영과 외무부 장관 장택상(張澤相)의 집을 버젓이 출입하기도 했다. 그러나 노덕술도 끈질기게 추적하는 반민특위의 손길을 벗어나지 못하고 검거되기에 이르러 심판을 받았다.

죄명: 반민법 제2조 및 제4조 제6항 위반(검찰관 서성달)

범죄 사실: 피고인 노덕술은 경상북도 울산 출생으로 울산 보통학교를 2년 중퇴한 후 출생지에서 일본인 마쓰가키(松垣米作)가 경영하던 잡화상의 고용인으로 근무하다가 일본 북해도에 취직차 일본에 건너갔으나 여의치 못함으로써 귀국한 후 6월경 경찰관을 지원하여 동년 9월경 경남순사교습소를 졸업한 후 경상남도 경찰부 보안과 근무 순사를 비롯 울산경찰서 사법계 근무 순사부장을 거쳐 1924년 12월경 경부보에 승진하고 의령, 김해, 거창 등 각 서 사법주임을 역임한 후 1928년 9월경에 통영경찰서 사법주임에 전근되어 그 후 경부에 승진하여 서울 본정(현명동), 인천, 개성, 종로 등 각 서 사법주임을 역임한 후 1934년 9월경 평안남도 보안과장으로 승진되어 27년간 고등계 사무에 속하는 사상 관계 사건을 취급하여 일본 정부에서 훈 7등 종 7위를 받았으며 현재 서울시 경찰국 정직(停職) 총경으로 있는 자인바

1. 1927년 및 1928년 일자 미상. 김규진(金圭鎭)을 회장으로 하고 경남 동래군 동래면 교동 230번지 거주 유진홍(兪鎭興)을 부회장으로, 회원 동 면 거주 양정식(梁正式), 어소운(魚小蕓), 윤호권(尹昊權), 윤태윤(尹兌潤) 외 약 150명으로 반일투쟁 및 독립운동을 목적으로 배일투쟁사와 조선 역사를 기록한 『배일논집』(排日論集)을 작성 배부하고 사유재산제도 부인을 목적으로 비밀결사를 조직한 혁조회(革潮會) 사건에 그간 동래경찰서 사법주임으로 있던 피고인은 동 사건이 고등계 사무에 속함을 알았음에도 불구하고 직접 담당하여 전기 유진홍, 김규진을 사망케 하고 그 관계자로 하여금 3년 혹은 2년간 복역케 했으며

2. 피고인이 동래경찰서 사법주임으로 있을 때인 1929~30년경 일본인 교사와 한인 생도 간에 민족적 감정으로 4, 5차에 걸쳐 발생한 동래고등보통학교 맹휴 사건에 사법계 주임의 직에 있음에도 불구하고 매차 한인 학생 탄규(彈叫)를 목적으로 한 총검거에 솔선, 부하를 지휘하여 고등계 사무인 교외 학생집회의 사찰을 담당하여 한인 학생 검거를 용이케 하고

3. 피고인이 동래경찰서 사법주임으로 재직 시인 1929~30년경 여름 동래군 소재 동래유치원에서 개최된 한인 일본 유학생의 하기휴가 이용 귀국 강연회가 그 내용

이 일본 정치 비난이라는 명목 아래 당시 사법주임의 직에 있음에도 불구하고 고등계 사무에 속하는 사상 관계 사건을 직접 담당 취급하여 한인 강사 수명을 검거 취조하고

4. 1928년 10월경 동래군 기장면 동부리 179번지 거주 박창형(朴昌馨)이 반일 투쟁단체인 동래청년동맹 집행위원장 및 동래노동조합 정치문화부장, 신간회 동래지회 간부로서 있음을 탐지한 피고인은 우자의 행동을 말살시키려는 의도로 검색·취조하여 송국(送局)하고

5. 피고인이 통영경찰서 사법주임으로 재직할 때인 1932년 5월경 반일단체인 ML단원인 김재학(金在學)이 5월 1일 메이데이 시위 행렬에 참가했다는 죄과로 사법주임으로 고등계 사무를 겸무하고 있던 피고인은 직접 검거하여 두 손을 뒤로, 두 발을 앞으로 결박하여 천장에 매달아 구타 또는 입에 주수(注水)하고 전신을 구타하는 등의 제 방법으로 혹독한 고문을 감행한 후 송국하여 벌금형에 처하게 했음. (후략)

부록 1: 반민족행위처벌법

제1장 죄

제1조 일본 정부와 통보하여 한일합병에 적극 협력한 자, 한국의 주권을 침해하는 조약 또는 문서에 조인한 자와 모의한 자는 사형 또는 무기징역에 처하고 그 재산과 유산의 전부 혹은 2분지 1 이상을 몰수한다.

제2조 일본 정부로부터 작(爵)을 수(受)한 자 또는 일본 제국의회의 의원이 되었던 자는 무기징역 또는 5년 이상의 징역에 처하고 그 재산과 유산의 전부 혹은 2분지 1 이상을 몰수한다.

제3조 일본 치하 독립운동자나 그 가족을 악의로 살상 박해한 자 또는 이를 지휘한 자는 사형, 무기징역 또는 5년 이상의 징역에 처하고 그 재산의 전부 혹은 일부를 몰수한다.

제4조 좌의 각호에 해당하는 자는 10년 이하의 징역에 처하거나 15년 이하의 공민권을 정지하고 그 재산의 전부 혹은 일부를 몰수할 수 있다.

1. 습작(襲爵)한 자.
2. 중추원 부의장 고문 또는 참의 되었던 자.
3. 칙임관 이상의 관리 되었던 자.
4. 밀정 행위로 독립운동을 방해한 자.
5. 독립을 방해할 목적으로 단체를 조직했거나 그 단체의 수뇌 간

부로 활동했던 자.

6. 군·경찰의 관리로서 악질적인 행위로 민족에게 해를 가한 자.

7. 비행기, 병기, 탄약 등 군수공업을 책임 경영한 자.

8. 도·부의 자문 또는 결의기관의 의원이었던 자로서 일정에 아부하여 그 반민족적 죄적이 현저한 자.

9. 관공리 되었던 자로서 그 직위를 악용하여 민족에게 해를 가한 악질적 죄적이 현저한 자.

10. 일본 국책을 추진시킬 목적으로 설립된 각 단체 본부의 수뇌 간부로서 악질적인 지도적 행동을 한 자.

11. 종교, 사회, 문화, 경제, 기타 각 부문에 있어서 민족적인 정신과 신념을 배반하고 일본 침략주의와 그 시책을 수행하는 데 협력하기 위하여 악질적인 반민족적 언론, 저작과 기타 방법으로써 지도한 자.

12. 개인으로서 악질적인 행위로 일제에게 아부하여 민족에게 해를 가한 자.

제5조 일본 치하에 고등관 3등급 이상, 5훈등 이상을 받은 관공리 또는 헌병, 헌병보, 고등경찰의 직에 있던 자는 본법의 공소시효 경과 전에는 공무원에 임명될 수 없다. 단 기술관은 제외된다.

제6조 본법에 규정한 죄를 범한 자 중 개전의 정상이 현저한 자는 그 형을 경감 또는 면제할 수 있다.

제7조 타인을 모함할 목적 또는 범죄자를 옹호할 목적으로 본법에

규정한 범죄에 관하여 허위의 신고, 위증, 증거 인멸을 한 자 또는 범죄자에게 도피의 길을 협력한 자는 당해 내용에 해당한 범죄 규정으로 처벌한다.

제8조 본법에 규정한 죄를 범한 자로서 단체를 조직하는 자는 1년 이하의 징역에 처한다.

제2장 특별조사위원회

제9조 반민족행위를 예비조사하기 위하여 특별조사위원회를 설치한다. 특별조사위원회는 위원 10인으로 구성한다. 특별조사위원은 국회의원 중에서 좌기의 자격을 가진 자를 국회가 선거한다.

1. 독립운동에 경력이 있거나 절개를 견수하고 애국의 성심이 있는 자.

2. 애국의 열성이 있고 학식, 덕망 있는 자. 국회는 특별조사위원회의 처리가 본법에 위반된다고 인정할 때는 불신임을 의결하고 특별조사위원을 재선할 수 있다.

제10조 특별조사위원은 위원장, 부위원장 각 1인을 호선한다. 위원장은 조사위원회를 대표하며 회의에 의장이 된다. 부위원장은 위원장을 보좌하고 위원장이 사고가 있을 때에는 그 직무를 대리한다.

제11조 특별조사위원은 그 재임 중 현행범 외에는 특별조사위원장의 승인 없이 체포·심문을 받지 않는다.

제12조 특별조사위원회는 사무를 분담하기 위하여 서울시와 각 도에 조사부, 군·부에 조사 지부를 설치할 수 있다. 조사부 책임자는 조사위원회에서 선거하여 국회의 승인을 받아야 한다. 특별조사위원회의 각 도 조사부는 사무의 공정·타당을 기하기 위하여 언제든지 국회의원의 요구가 있을 때에는 조사 문서를 정시(呈示)하여야 한다.

제13조 특별조사위원회에서 채용하는 직원은 친일 모반의 세평이 없는 자라야 한다.

제14조 조사 방법은 문서 조사, 실지 조사의 2종으로 한다. 문서 조사는 관공 문서, 신문, 기타 출판물을 조사하여 피의자 명부를 작성한다. 실지 조사는 피의자 명부를 기초로 하여 현지 출장, 기타 적당한 방법으로 증거를 수집하여 조사서를 작성한다.

제15조 특별조사위원회로부터 조사 사무를 집행하기 위하여 정부 기타의 기관에 대하여 필요한 보고 기록의 제출 또는 기타 협력을 요구할 때에는 이에 응하여야 한다.

제16조 특별조사위원이 직무를 수행할 때에는 특별조사위원장의 신임장을 소지케 하며 그 행동의 자유를 보유하는 특권을 가지게 된다. 특별조사위원은 조사상 필요에 의하여 사법경찰 관리를 지휘 명령할 수 있다.

제17조 특별조사위원회가 조사를 완료할 때에는 10일 이내에 위원회의 결의로 조사 보고서를 작성하고 의견서를 첨부하여 특별검

찰부에 제출하여야 한다.

제18조 특별조사위원회의 비용은 국고 부담으로 한다.

제3장   특별재판부 구성과 절차

제19조 본법에 규정된 범죄자를 처단하기 위하여 대법원에 특별재
판부를 부치한다. 반민족행위를 처단하는 특별재판부는 국회에서
선거한 특별재판부장 1인, 부장재판관 3인, 재판관 12인으로서 구
성한다. 전 항의 재판관은 국회의원 중에서 5인, 고등법원 이상의
법관 또는 변호사 중에서 6인, 일반 사회 인사 중에서 5인으로 하
여야 한다.

제20조 특별재판부에 특별검찰부를 병치한다. 특별검찰부는 국회에
서 선거한 특별검찰부 검찰관장 1인, 차장 1인, 검찰관 7인으로서
구성한다.

제21조 특별재판관과 특별검찰관은 좌의 자격을 가진 자 중에서 선
거하여야 한다.

1. 독립운동에 경력이 있거나 절개를 견수하고 성심이 있는 법
률가.

2. 애국에 열성이 있고 학식·덕망이 있는 자.

제22조 특별재판부 부장과 특별재판관은 대법원장 및 법관과 동일
한 대우와 보수를 받고 특별검찰관장과 특별검찰관은 검찰총장
및 검찰관과 동일한 대우와 보수를 받는다.

제23조 특별재판부의 재판관과 검찰관은 그 재임 중 일반재판관 및 일반검찰관과 동일한 신분의 보장을 받는다.

제24조 특별재판부의 재판관과 검찰관은 그 재임 중 국회의원, 법관과 검찰관 이외의 공직을 겸하거나 영리기관에 참여하거나 정당에 관여하지 못한다.

제25조 특별재판부 3부를 두고 각부는 재판장 1인과 재판관 4인의 합의로써 재판한다.

제26조 특별검찰관은 특별조사위원회의 조사 보고서와 일반 검찰 사항을 기초로 하여 공소를 제기한다. 단 특별검찰관의 결정이 부정당하다고 인정된 때에는 특별조사위원회는 특별검찰관 전원의 합의에 의한 재고려를 요구할 수 있다. 특별검찰관은 검찰상 필요에 의하여 특별조사위원에게 재조사를 위촉하거나 사법검찰관을 지휘 명령할 수 있다.

제27조 특별검찰관은 특별조사위원회의 조사 보고서를 접수한 후 20일 이내에 기소하여야 하며 특별재판부는 기소된 사건에 대하여 30일 이내에 공판을 개정하여야 한다. 단 특별재판부는 부득이한 사정이 있을 때에는 기간을 연장할 수 있으되 30일을 초과할 수 없다.

제28조 본법에 의한 재판은 단심제로 한다. 소송 절차와 형의 집행은 일반 형사소송법에 의한다.

부칙

제29조 본법에 규정한 범죄에 대한 공소시효는 본법 공포일로부터 기산하여 2년을 경과함으로써 완성된다. 단 도피한 자나 본법이 사실상 시행되지 못한 지역에 거주하는 자 또는 거주하던 자에 대하여는 그 사유가 소멸된 때로부터 시효가 진행된다.

제30조 본법의 규정은 한일합병 전후부터 단기 4278년 8월 15일 이전의 행위에 이를 적용한다.

제31조 본법에 규정한 범죄자로서 대한민국헌법 공포일부터 이후에 행한 그 재산의 매매, 양도, 증여 기타의 법률 행위는 일체 무효로 한다.

제32조 본법은 공포일로부터 시행한다.

부록 2: 반민족행위특별조사기관 조직법

제1조 반민족행위특별조사위원회의 사무를 보조하기 위하여 중앙에 중앙사무국을 두고 도 조사부에 사무 분국을 둘 수 있다. 중앙사무국에 국장 1인, 조사관과 서기 각 15인 이내를 두고 각 도 사무 분국에 조사관과 서기 각 3인 이내를 둘 수 있다. 중앙사무국장은 조사관으로서 보하고 특별조사위원회 위원장의 지휘 감독을 받아 국무를 장리한다.

제2조 중앙사무국의 조사관은 국장의 지휘를 받고 사무 분국의 조

사관은 도 조사부 책임자의 지휘를 받아 조사 사무를 장리한다. 서기관은 국장 또는 조사관의 지휘를 받아 조사관을 보조하며 일반 사무를 처리한다.

제3조 국장 기타의 조사관은 특별조사위원의 결의로 위원장이 임명하고 서기는 위원장이 임명한다.

제4조 중앙사무국과 각 도 사무국의 분과와 분장 사무 규정은 특별조사위원회에서 정한다.

제5조 각 도 조사부는 특별조사위원회의 지휘 감독을 받는다. 중앙사무국은 서울시의 조사 사무를 겸무하며 필요할 때에는 각 도에 조사관을 파견할 수 있다.

제6조 조사관은 조사 사무에 관하여 사법경찰관의 직무를 행할 권한이 있다.

제7조 각 도 조사부 책임자, 중앙사무국장, 조사관, 서기는 각기 도지사, 처장, 국장, 주사와 동일한 대우와 보수를 받는다.

부칙

이 법은 공포한 날로부터 시행한다.

부록 3: 반민족행위특별재판부 부속기관 조직법

제1조 반민족행위특별재판부 및 특별검찰부의 부속기관으로 각각

특별서기국을 둔다.

제2조 각 국에 국장을 둔다. 국장은 대법원 서기국장 또는 대검찰청 서기국장과 동일한 대우와 보수를 받는다. 국장은 특별재판부 부장 또는 특별검찰관장의 명을 받아 각부의 사무를 처리한다.

제3조 특별재판부 서기국에 16명 이내의 서기관을, 특별검찰부에 9명 이내의 서기관을 둔다. 서기관은 대법원 또는 대검찰청 서기관과 동일한 대우와 보수를 받으며 동일한 직무와 권한을 갖는다.

제4조 특별재판부 소속 서기국장 및 서기관은 특별재판부 부장이 차를 임면한다. 특별검찰부 소속 서기국장 및 서기관은 특별검찰관장이 차를 임면한다.

제5조 본법은 공포한 날로부터 시행한다.

나의 『해방전후사의 인식』 만들기
역사정신 체험하기

김언호

출판인

책 썼다고 잡아가고 책 만들었다고 잡아갔다.
책 읽었다고 잡아가고 책 갖고 있다고 잡아갔다.
그런 상황 속에서
우리의 책 쓰기 · 책 만들기 · 책 읽기가 진행되었다.

• 2018년 10월 부천에서 열린 동아시아출판인회의 제25차 대회에서 발제한 글이다.

박정희 군부독재가 몰락하던 시대에

『해방전후사의 인식』이 기획되고 출판이 시작되던 1970년대 후반은 박정희 군사정권이 마지막 몰락의 길을 걷던 시대였다. 폭압적인 통치에 맞서는 지식인운동·학생운동·노동운동·종교운동·정치운동이 사회 전 영역에서 치열하게 전개되고 있었다.

'자유언론 실천운동'을 펼치다가 1975년 3월 집단으로 해직당한 『동아일보』의 130여 언론인이 조직한 '동아자유언론수호투쟁위원회'의 위원 10명이 '보도되지 않은 사건들'을 수록한 『10·24 민권일지』 출간으로 구속되어 재판받고 있었다. 진보적인 문학가들의 투쟁조직인 '자유실천문인협의회'는 '고난받는 문인들을 위한 문학의 밤'을 전국에서 열었다.

1979년 3·1절을 맞아 정치인과 재야인사들이 '민주주의와 민족통일을 위한 국민연합'을 결성했다. 같은 해 YH사의 여성노동자들이 야당인 신민당(新民黨) 당사를 점거하고 생존권 보장을 요구하면서 농성을 벌였다. 경찰이 이들을 폭력으로 해산하는 과정에서 노동자 김경숙(金景淑) 씨가 추락해 숨졌다. '천주교 정의평화위원회'가 '정의·평화를 위한 기도회'를 전국에서 열었다. '한국교회사회선교협의회'가 '노동자·농민을 위한 기도회'를 열었다. 전국의 대학에서 박정희 독재체제에 저항하는 집회가 이어졌다.

『해방전후사의 인식』을 기획하기 시작한 것은 1978년 가을부터였다. 이 민족과 국토가 왜 분단되었을까. '외세'에 의해 분단되었다는데, 과연 외세에 의해서만 분단되었을까. 해방전후사와 분단과정사를 '외재인'(外在因)이 아니라 '내재인'(內在因)으로 규명해볼 수 없을까. 학창 시절, 신문기자 시절부터 나름 민족주의와 민족운동에 관심을 두고 독서해오던 나는 이런 의문들을 떨치지 못했다. 오늘의 한국 사회를 규정하고 있는 역사적 유산, 그 구조와 성격을 주체적 시각으로 분석해보자는 소망이 나에게 있었다.

일제 식민주의 유산을 청산하지 못한 채 1948년 남한 단독정부가 수립되지만 그 한계와 성격을 다시 살펴보아야 한다. 국가권력을 장악하고 있는 친일세력을 비판적으로 분석해보아야 한다. 1960년의 4월혁명으로 몰락하는 초대 대통령 이승만(李承晚)의 정치노선과 남북통일정부 수립을 시도하다가 이승만 세력에 암살당하는 상해임시정부 주석 김구(金九)의 정치노선을 재평가해야 한다. 좌우합작을 시도하다가 역시 암살당한 정치지도자 여운형(呂運亨)의 생각과 정책도 재평가해야 한다. 해방 직후의 농지개혁과 경제정책, 해방전후의 문학과 예술을 살펴보자. 미군정은 한국에서 어떻게 진행되었고 그 정책은 무엇이었는가.

'해방의 민족사적 인식'

이런 주제에 대해 1979년 5월까지 모아진 원고는 200자 원고지 4,000여 매나 되었다. 원고들은 소설처럼 흥미진진했다. 미답의 해방전후사는 신비로운 영역이었다. 나는 송건호(宋建鎬) 선생의 원고 「해방전후사의 민족사적 인식」을 읽고 무릎을 쳤다. '8·15해방'의 의미를 이렇게 명쾌하게 정리하다니, 나는 이 책이 분명 반응을 불러일으킬 것이라는 확신을 품었다. 송건호 선생은 '민중이 주체가 되는 역사'로서의 '해방'을 담론했다.

제국주의 일본의 식민통치에서 해방된 것은 틀림없었으나 해방의 날이라고 하는 바로 8월 15일을 계기로 국토가 분단되어 남에는 미군이, 북에는 소련군이 진주하여 국토와 민족의 분열이 시작되었고 이 분열로 말미암아 6·25라는 민족사상 일찍이 볼 수 없었던 동족상잔을 빚고 그 후 30년간 남북 간의 대립은 날로 심화되어 엄청난 파괴력을 가진 막강한 군사력으로 언제 또 6·25보다 더 파괴적인 동족상잔이 빚어질지 모르는 불안하고 긴장된 상태가 지속되고 있다. 민주주의는 시련을 겪고 민족의 에너지는 그 대부분이 동족상잔을 위한 새로운 군사력을 위해 소모되고 있는 가운데 암담한 하루하루를 보내고 있는 것이 이른바 '해방된' 이 민족의 현실이다. 민족이 자기 힘으로 쟁취한 해방이 아닌 주어진 해방일 때 그것이 얼마나 허망한 것인가를 새삼스럽게 느끼게 한다.

나는 왜 이 책을 기획하는지를 「편집자의 말」에 기록했다.

우리는 민족사의 전진을 위해, 이 시대와 숙명적으로 대결하는 자세로 이 시대의 의미를 추적하지 않을 수 없다. 이 시대가 해명됨으로써 우리 자신에 대한 사회과학은 맥락을 잡을 수 있을 것이다.

『해방전후사의 인식』 제1권은 1979년 10월 15일에 출간되었다. 초판 5,000부를 찍었다. 독자들의 반응은 놀라웠다. 판매 속도는 나의 예상을 훨씬 앞지르고 있었다. '해방전후사의 새로운 인식'을 독자들이 이미 요구하고 있었던 것이었다. 1970년대 중반부터 출판이 새로운 문화운동의 광장 또는 진지가 되면서 의식 있는 독자가 크게 늘어났지만, 600여 쪽이나 되는 두꺼운 책이 큰 반응을 불러일으키고 있음에 나는 놀랐다. 그것은 시대정신이었다.

『해방전후사의 인식』 제1권은 이렇게 탄생하지만, 시대상

『해방전후사의 인식』 초판본이다. 이 책을 기획하기 시작한 것은
1978년 가을부터였다. 오늘의 한국 사회를 규정하고 있는
역사적 유산, 그 구조와 성격을 주체적 시각으로 분석해보고자 했다.

1979년 부마항쟁 당시 시위대의 모습이다. 『해방전후사의 인식』 제1권이
출간된 1979년 10월, 부산과 마산에서는 유신정권에 대항하는
항쟁이 일어났다. 부마항쟁은 유신정권 몰락의 신호탄을 쏘았으며,
급기야 10월 26일 박정희 대통령은 중앙정보부 김재규 부장에게 사살된다.

황은 과격하게 소용돌이치고 있었다. 책이 세상에 나온 그다음 날 한국의 남쪽 도시 부산과 마산에서 민중소요가 일어났다. 부마(釜馬)항쟁이었다. 유신(維新)정권이 몰락하는 결정적인 계기가 되었다. 급기야는 10월 26일 밤 대통령 박정희가 중앙정보부 김재규(金載圭) 부장에게 사살되었다. '10·26정변'이었다. 박정희 군사정권 20년이 하룻밤에 몰락하게 된다.

전국에 계엄령이 선포되었고 모든 언론과 출판물은 '군검열'을 받아야 했다. 나는 10월 28일 무장 군인들이 정문을 지키는 문화공보부로 호출되었다. 문공부의 출판담당 과장은 『해방전후사의 인식』을 오른손에 치켜들고 나를 호통쳤다.

친일행위 좀 했다고 왜 야단이냐! 친일한 거를 지금 들춰내어 뭐 하겠다는 거야!

문공부는 10·26 이전부터 『해방전후사의 인식』에 대한 '사후검열'을 이미 진행하고 있었던 것 같았다. 나는 다시 계엄사령부가 문공부에 파견한 한 군인의 '훈시'를 들어야 했다.

당신을 구속해야 하지만 처음이니까 넘어가겠소. 다시 이런 책 내면 그냥 두지 않겠소!

나는 그 문공부 관리의 지시에 따라, 아직 서점에 나가지 않은 『해방전후사의 인식』 450여 부를 용달차로 문공부에 실어다 주었다. 열흘 만에 4,500여 부가 나간 셈이었다. 광고도 할 수 없었고, 신문이 제대로 소개할 겨를도 없었다.

군검열을 통과하면서 재생한 『해방전후사의 인식』

왜 '판매금지'되었을까. 판금되는 결정적인 내용은 무엇이었을까. 누가 판금시켜야 한다고 했을까. 해방전후의 역사적인 사실, 그 전개 과정을 사실적으로 기술했을 뿐이었다. 해방된 마당에 친일한 사실을 밝히고, 민족을 반역한 친일파의 숙청작업이 반민족세력에게 좌절당하는 사실을 사실대로 기술했다 해서 판금시키는 정부의 처사에 나는 승복할 수 없었다.

아니면 필진으로 참여한 문학평론가 임헌영(任軒永) 선생이 당시 한 시국사건에 연루되어 구속되었기 때문에 판금시켰을까. 임 선생의 「해방 후 한국문학의 양상」은 선구적 작업이었다. 임 선생은 8·15의 문학사적 위치, 각종 문학단체의 난립, 그 단체의 강령과 기치를 소개한 후 '해방'을 노래하는 일군의 시인들이 펼친 그 시사적(詩史的) 성격을 분석했다. 임 선생은 월북하고 납북된 시인들을 '민족문학사적 관점'에서 새롭게 볼 필요가 있다고 말하고 "이들에 대한 과대평가는 물론 바람직스럽지 못하지만 맹목적인 과소평가 또한 바람직스러운 것이 아니다"라고 했다. 나는 용달차에 책을 실어다 주고 되돌아오면서 참 어처구니없다고 생각했다.

역사는 밤에 이뤄진다고 했던가. 깊은 밤 권력자들의 총격으로 일어난 10·26정변과 더불어 선포된 계엄령의 와중에서『해방전후사의 인식』은 판금을 '명령'받았지만, 나는 그해 12월 중순부터 그 '재생'(再生)을 위해 움직였다.

나는 서울시청에 마련된 계엄사 검열실을 찾아가 검열단의 실무자들을 만났다.『해방전후사의 인식』에 대해 자세히 읽어봐달라고 했다. 책 만드는 사람의 양식으로 나는 '판금'이 이해되지 않는다고 했다. 그때 실무자들은 서울시립대 출신의 젊은 시청 직원들이었다. 그 한 사람인 김동배 씨는 책을 좋아하는 공무원이었다. 뒷날 서울시 은평구청에서 청소국장으로 일하다가 퇴임했는데, 서예가이기도 한 그를 비롯한 젊은 친구들과 나는 여러 차례 만나 '토론'했다.

『해방전후사의 인식』제1권을 내면서부터 나는 후속작업을 위해 계속 필자와 자료를 찾고 있었다. 이종훈(李鍾燻) 교수의 대형 논문「미군정 경제의 역사적 성격」은 새로 준비한 원고였다. 나는 이 교수의 논문을 추가한 '개정판'을 검열실에 제출했다. 실무자들과는 이미 '이해'와 '양해'가 진행되어 있었다. 드디어 1980년 1월 18일 군복 입은 장교가 붉은 빛깔의 큼직한 '검열필' 도장을 쾅 하고 찍어주었다.

이미 '판매금지'되어 있던 리영희(李泳禧) 교수의 『우상과 이성』, 박현채(朴玄埰) 교수의 『민족경제론』도 『해방전후사의 인식』과 함께 검열을 통과해 다시 살아날 수 있었다. 『우상과 이성』은 1977년 11월에 출간되었지만, '반공법 위반'으로 저자가 구속되면서 책도 판금되었다. 리 교수는 2년 동안 감옥살이를 하고 1979년 연말에 만기출소했다. 1978년 4월에 간행된 『민족경제론』은 출간 석 달 후에 판금되었는데, 학생들이 너무 많이 읽는다는 것이 그 이유였다. 문공부의 출판담당관은 '저쪽'에서 방침이 내려왔다면서 판금 사실을 나에게 통고해주었다. 그러나 세 권의 '판금도서'는 '해금'(解禁)되면서 불타나듯이 팔려나갔고, 잇단 판금으로 겪은 재정적 곤란이 해소되면서 한길사는 본격적으로 책을 펴낼 수 있는 힘을 얻게 되었다.

『해방전후사의 인식』을 비롯한 일련의 책들이 이처럼 부활하게 된 데는 박정희 군사정권이 붕괴되는 1979년 10월부터 1980년 5월까지 지속된 '서울의 봄'이라는 혁명적인 분위기의 한 계절을 함께한 동시대인들의 연대가 있었다. 독재정권이 무너지면서 짓눌렸던 국민의 자유에의 열망이 폭발했다. 10·26 직후부터 국군보안사령관 전두환(全斗煥) 소장 등이 주

유신 몰락 후 찾아온 '서울의 봄'에 『해방전후사의 인식』 제1권은
군검열을 통과할 수 있었다. 실무자들과의 토론 끝에 얻은 쾌거였다.
곧 이 책은 대학생들의 필독서가 되었다.
붉은색 '검열필' 도장이 찍혀 있다.

도하는 또 하나의 쿠데타로 그 서울의 봄이 좌절되기는 했지만, 시민들은 자유와 민주주의를 함께 체험할 수 있었다. 그 혁명적인 봄날의 분위기와 과정에서 문제도서들의 검열 통과도 가능했던 것이다. 박정희의 몰락을 틈타서 권력을 잡은 전두환 일파의 '의도된 자유 허용'이었지만, 그 봄날 일련의 책들은 검열이라는 형식을 이용해 오히려 검열에서 해방될 수 있었다. 역사의 역설이라고나 할까.

『해방전후사의 인식』의 재생은 금기의 영역을 무너뜨리는 계기가 되었다. 여러 출판사가 해방전후를 다루는 기획들을 진행했다. 젊은 연구자들이 힘차게 연구하는 주제가 되었다. 분단시대와 분단시대사는 민주주의적이고 민족주의적인 젊은 연구자들의 논쟁적 주제가 되었다. 한국의 근대사·현대사에 대한 관심과 연구가 젊은 출판인들의 출판운동과 연대하면서 진보적 민족문화운동으로 전개되는 것이 1980년대의 또 다른 역사적 풍경이었다.

6년 만에 출간된 『해방전후사의 인식』 제2권

나는 『해방전후사의 인식』 제1권에 이어 속편들을 바로 기획하려 했지만 쉬운 과정이 아니었다. 1982년에 브루스 커밍스(Bruce Cumings)의 역작『한국전쟁의 기원』가운데 몇 편과 다른 연구자들의 논문들로 제2권을 내려 했지만, 일월서각에서 펴낸『분단전후의 현대사』가 커밍스의 논문이 들어 있다는 이유로 수난을 당하는 바람에『해방전후사의 인식』제2권의 기획은 계속 지연되었다. 정부는 커밍스를 '반한(反韓)학자' '금기필자'로 몰았다. 문공부의 관리들은 나에게『해방전후사의 인식』속편을 내면 안 된다는 직접적인 압력을 가해왔다.

『해방전후사의 인식』제1권이 나온 지 만 6년 만인 1985년 10월에야『해방전후사의 인식』제2권은 출간될 수 있었다. 시간이 오래 걸린 만큼 제1권에 비해 제2권의 작업은 체계적으로 진행되었다. 1985년 봄에 주제와 필자를 확정하고 필자들을 한자리에 모아 토론회를 열었다. 책을 낸 후에도 필자들이 평가하는 모임을 만들었다.

학생들이『해전사』로 줄여 불렀던『해방전후사의 인식』은 대학생들의 '필독서'가 되었다. 스터디클럽이나 서클의 멤버들이 함께 읽는 책이 되었다. 새로운 역사인식운동이었다. 그러나 권력에겐 '위험한 책' 또는 '금독시켜야 할 책'이었다. 추격당하고 수사받는 학생들의 가방에 으레 들어 있던『해방전후사의 인식』은 늘 '압수되는 한 권의 책'이었다. 구속되는 학생들에게서『해방전후사의 인식』을 압수했다고 신문들이 보도하기도 했다.『해방전후사의 인식』과『우상과 이성』과

『민족경제론』은 그럴수록 더 많이 읽히는 젊은이들의 '필독서'가 되어갔다.

정부가 역사를 쓰겠다고 나서다

이런 책들을 펴내는 한길사는 '요시찰 출판사'가 되었다. 우리 출판사를 수시로 출입하는 경찰관과 정보부원에게 '위험신호'를 전달받기도 했다. 드디어 집권당의 대표가 '해전사'를 문제 삼기 시작했다.『해방전후사의 인식』을 중심으로 하는 '운동적인 연구·출판·독서현상'을 비판하는 것이었다. 정치·사회·경제·문화적 불안의 원인이 비판적인 '책들'에 있다고 했다.

1985년 11월, 집권당인 민정당(民正黨)은 날로 격화되고 있는 학원사태의 원인이 8·15 이후의 현대사를 부정적으로 보는 시각에 있다고 보고, 문교부·문공부 등 관계 부처 및 국사편찬위원회·정신문화연구원 등 정부기관들과의 협의 아래 현대사를 '전면 재기술'한다는 방침을 밝혔다. 1985년 11월 26일 정부와 민정당의 정책조정회의에서 민정당 노태우 대표는 "일부 대학생들이 8·15 이후의 현대사를 독재·부정선거·장기집권 등 부정적인 시각으로만 보고 기성세대를 불신하는 경향이 있다"고 지적하면서 "역사가 야사·비사·소문에 오염되고 흥미 위주로 왜곡되는 것도 사회혼란의 근본요인이 되고 있다. 현대사를 시대별·정권별로 재정립하는 일이 추진되어야 한다"고 주장했다.

1960년대 중반까지 군사정권에 대해 강력한 비판적 논조를 유지하던 『경향신문』은 친정부적인 기업인이 그 경영권을 인수하면서 정부의 방침을 노골적으로 대변하고 나섰는데, 1985년 11월 28일 자 사설「재정립해야 할 역사관: 자기비하적 역사기술 청산하자」에서 다음과 같이 주장했다.

> 지난 몇 해 동안 이른바 민중사관이 확산되면서 제1공화국의 민족사적 정통성을 부인하고 마치 '태어나지 말았어야 할 정권'인 것처럼 기술하는 것이 하나의 유행처럼 되어버렸다. 역사에 가정이란 있을 수 없는 것이지만 그때 단정으로 독립정부를 세우지 않았더라면 통일된 독립정부가 설 수 있었을 것이라는 식의 논리야말로 지나치게 감상주의적인 재단논리(裁斷論理)가 아닐 수 없다.

『동아일보』는「역사를 쓰는 자세」라는 같은 날짜의 사설에서, 정부 여당이 직접 현대사를 쓰겠다고 나선 사실을 신랄하게 비판했다.

우리는 집권당이나 그 세력이 자기들의 안목으로 본 사실을 되도록 긍정적인 시각에서 풀어가겠다는 것을 굳이 마다하지는 않는다. 사실의 축적으로서의 역사는 언제나 표리를 이루는 법이어서, 그럴 수도 있겠거니 이해하기 때문이다. 그러나 그것을 적어도 '역사의 이름'으로 서술하려는 발상은 매우 위험하고도 염려스러운 점이 예견된다는 것을 지적하지 않을 수 없다. 하나의 당사(黨史)나 정권사의 수준에 머무른다면 몰라도, 그것을 국민들에게 이것이 바른 역사라고 내세우는 건 매우 온당하지가 않다. 역으로 야당이 그런 식의 관점에서 역사를 엮어간대도 마찬가지다.

우선 어느 개인의 논문형식이라면 몰라도, 역사라는 말을 덮어씌우기에는 그 역사가 현재진행형이라는 점에서 무리가 아닐 수 없으며, 역사기술의 필수조건인 객관적이고도 공정한 판단을 결여하기 쉽기 때문이다. 더구나 역사가 야사나 비화나 소문에 오염되는 걸 바로잡기 위해서라면, 우리 정치사는 왜 '백주의 당당한 논리'가 은폐되고, 그런 골목에서만 맴돌았는가를 반성하는 것이 차라리 낫다. 궁형(宮刑)을 겪으면서도 바른 역사를 쓰고자 했던 사마천(司馬遷)의 『사기』가 왜 오늘날도 평가를 받으며, 앙드레 모루아(André Maurois)의 『영국사』가 어찌하여 오늘날까지도 명저로 높이 평가받는가를 지금 생각할 때다.

출판인 17인 선언 "출판의 자유 없이 민주주의 없다"

1980년 5월 군대의 광주시민 대량학살은 우리를 역사에 대한 비관에 빠뜨렸다. 우리에게 깊은 좌절감을 안겨주는 경악할 수밖에 없는 비극이었다. 사람들이 잡혀가고 고문당하고 자기 일터에서 쫓겨나는 엄혹한 세월이 계속되었다. 책 썼다고 잡아가고 책 만들었다고 잡아갔다. 책 읽었다고 잡아가고 책 갖고 있다고 잡아갔다. 그런 상황 속에서 우리의 책 쓰기 · 책 만들기 · 책 읽기가 진행되었다.

역사는 진보한다고 나는 믿는다. 역사가 진보한다는 희망을 우리 가슴에 품어야 역사는 구체적으로 진보할 것이다. 고단한 1980년대에 일련의 출판인들은 주기적으로 만나면서 서로를 격려했다. 책의 문화와 책 만드는 일의 가치를 토론했다. 민음사, 문학과지성사, 창작과비평사, 지식산업사, 열화당, 현암사, 까치, 전예원, 한울, 한길사 대표는 '수요회'라는 모임을 만들고 이 땅의 출판문화를 어떻게 진전시킬 것인지를 고뇌하면서 대안을 모색했다. 인문학 연구자들과 손잡고 한 계절에 한 번씩 좋은 책을 독자들에게 추천하는 '오늘의 책' 선정운동·독서운동을 진행했다. 파주출판도시를 건설하자는 아이디어도 이 과정에서 탄생했다.

우리는 지금은 작고한 을유문화사 정진숙(鄭鎭肅), 일조각 한만년(韓萬年), 일지사 김성재(金聖哉) 선생 등과 함께 1985년 5월 17일 「출판문화의 발전을 위한 우리의 견해」라는 성명서를 발표한다. 나는 책과 출판인이 금압받고 있는 상황에서 우리 출판인의 신념과 철학을 밝히는 것이 우리의 책무라고 선배·동료들에게 주장했다. '출판인 17인 선언'으로 알려져 있는 선언문을 나는 그해 5월 16일 새벽에 썼다.

출판문화는 한 국가 한 사회의 문화적 힘의 총체적 소산이자 새로운 전진을 가능하게 하는 동력이다. 우리의 출판은 이 민족의 문화적 유산을 오늘에 전승시키면서 민족문화의 창조를 선도하고 심화시키는 중추기능을 담당한다. 그 어떠한 어려움 속에서도 출판의 창조적 기능은 사회의 발전원리로서 보장되어야 한다. 우리의 출판은 오늘의 민족공동체적 삶을 위해서뿐만 아니라 내일의 소망스러운 지향을 위해 보호·육성되어야 한다.

민주사회는 출판의 자유를 전제로 한다. 이것 없이는 학문과 문화의 발전은 이루어질 수 없고 나아가 민족문화가 존립할 수 없다. 민주사회에 있어서 출판의 자유는 개인적 삶의 차원에서뿐만 아니라 사회적·민족적 차원에서 존중되고 그 실질적 내용이 확충되어야 한다.

1. 출판의 자유는 자유민주주의 정신에 의해서 확보되었을 뿐만 아니라 우리의 현행실정법에 의해서도 당연히 보장된다. 출판물에 대한 행정당국의 최근의 조처는 자연법 이념에서나 실정법 정신에 비추어 타당하다 할 수 없다. 우리의 헌법 제20조는 출판의 자유를 보장하고 있다. 만약 출판의 자유를 그 어떠한 형식으로라도 규제한다면 그것은 바로 우리 사회가 추구하는 체제와 이념을 부인하는 결과가 된다.

2. 오늘날 우리 사회가 당연히 개방체제를 지향할 수밖에 없다면, 출판문화 역시 개방체제로의 자세를 가다듬어야 한다. 우리의 정치·사회·경제가 세계적 개방체제를 지향한다면 문화도 당연히 개방되어야 하고 또 개방될 수밖에 없다. 수많은 사람들이 오가고 엄청난 물량이 드나드는 이 마당에 학문과 문화 그리고 그것을 가능케 하는 출판을 폐쇄적으로 통제할 수는 결코 없을 것이다.

3. 현대의 기술문명이 출판에 대한 금제(禁制)를 불가능하게 만들고 있다는 사실을 간과해서는 안 될 것이다. 복사기계의 보편화 등 테크노스트럭처의 질적·양적 변화는 지식체계의 독점적·선별적 소유와 금기화(禁忌化)를 더

이상 가능하지 못하게 한다.

4. 출판문화는 다양성 속에서 발전한다. 그것은 다양한 주제와 논거를 갖는 출판물의 생산을 통해 성장한다. 우리는 날로 새로워지고 다기(多岐)해지는 지식 및 정보를 적극적으로 받아들여 그것을 주체화시킴으로써 우리가 살아가는 이 사회 및 문화의 체질을 강화시키고 논리적 구조를 튼튼하게 해야 한다. 우리는 획일적이고 무성격한 출판문화가 아니라 다양한 빛깔과 모양을 갖는 출판문화를 가꾸어야 하고, 우리 사회의 역량과 수준은 이를 충분히 소화할 수 있는 단계에 이미 와 있다.

5. 저술작업과 출판작업은 저술인과 출판인의 양식에 바탕하여 이루어져야 한다. 저술인과 출판인 스스로의 가치판단에 의해 저술과 출판이 이루어져야 살아 있는 사회와 문화가 형성될 것이다. 저술과 출판의 결과는 사상의 공개시장 원리에 의해 평가되어야 한다. 민주주의를 지향하는 우리는 이 사회가 생산하는 모든 출판물을 사상의 공개시장에 내보내는 것이 우리가 취할 수 있는 가장 합리적인 방안일 것이다.

10년 만에 완간된 『해방전후사의 인식』 전 6권

요동치는 시대적 상황 속에서도 한길사의 『해방전후사의 인식』 기획은 계속되었다. 제3권이 1987년에 출간되었고 1989년에 제4·5·6권이 동시에 출간되었다. 제3권부터는 젊은 연구자들이 편집·기획에 가담했다. 제6권은 저간의 해방전후사 연구성과에 대한 반성적 논의이자 대안적 '연구방법론'을 담았다.

『해방전후사의 인식』 전 6권에는 47명의 연구자가 61개의 주제를 집필했다. 해방 전에 태어난 제1세대 연구자들도 있고, 제1세대 연구자들에게 수학한 제2세대 젊은 연구자들이 제2권부터 대거 집필에 가담했다. 금기시되던 '해방전후'의 현대사 연구를 젊은 연구자들이 역동적으로 수행하는 계기가 되는 것이었다.

『해방전후사의 인식』에 실린 논문들의 절반 이상이 대학원 석사논문이었다. 이 책을 계기로 해방전후사가 대학과 학계에서도 본격적으로 연구되는 주제가 되었기 때문이다. 나는 기획에 참여하는 젊은 연구자들에게 이 논문들을 과감하게 수록하자는 의견을 냈다. 당시 기준으로 가장 최신의 연구성과를 수록한 셈이다. 1989년 말 중앙일간지·통신사·방송사의 출판담당 기자들은 『해방전후사의 인식』 전 6권을 '올해의 책'으로 선정했다.

1979년 그 첫 권이 출간된 이래 전 6권으로 완간되는 현대사 연구서다. 우리 시대의 주요한 연구자 60여 명이 필진으로 참여한 이 기획은 해방 후 우리의 역사학과 사회과학계가 이룩해낸 일대 쾌거로 인정받고 있다. 1980년대 한국 현대사 연구의 성과와 한계를 총 결산하고 1990년대에 전개될 한국 현대사 연구의 전망과 방향을 보여주는 분수령의 의미를 지닌다.

한길사는 『해방전후사의 인식』 제1권을 출간한 지 4반세기만인 2004년 새 편집으로 전 6권을 일괄 재간행했다. 『해방전후사의 인식』은 이미 '역사적인 책'이 되었다. 나는 「재간행사」를 썼다.

1980년대는 책의 시대였다. 폭력적인 권위주의 권력과 대응하는 출판문화운동이 치열하게 전개되었다. 그 엄혹한 현실을 극복하려는 젊은이들은 책을 읽었다. 1980년대에 이 땅의 젊은이들은 인문사회과학적 독서를 통해 스스로의 정신과 이론과 사상을 가다듬을 수 있었다. 오늘 우리 국가사회와 민족공동체의 민주화와 진보와 개혁은 그

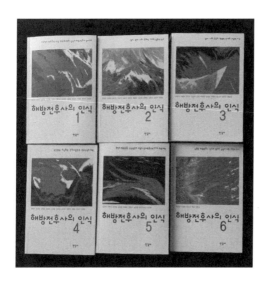

『해방전후사의 인식』을 비롯 1980년대의 출판운동을 이끈
일련의 책들은 출판사들의 기획이기도 하지만
1980년대를 살아온 우리 모두의 공동 작업이자 성과다.
그 독자들이 오늘 우리 사회를 이끄는 중심이 되고 있는 것이다.

렇게도 치열하게 전개된 출판운동 및 독서운동과 깊이 연관된다.

그 1980년대의 한가운데에 『해방전후사의 인식』이 서 있었다. 1980년대를 힘차게 산 젊은이들은 『해방전후사의 인식』의 애독자였고, 1989년까지 전 6권으로 간행되는 『해전사』의 필자들이었다. 특히 『해전사』의 제1권은 우리 국가사회와 민족공동체의 민주화와 통일문제를 생각하는 젊은이들에게 새로운 정신을 공급하는 한 원천이었다. 1980년대는 책을 읽는 젊은이들의 시대였지만 해방전후사의 시대였다고 말할 수 있을 것이다.

한 권의 책이란 어느 날 하루아침에 창출되지 않는다. 책을 창출해내는 지적·문화적 환경과 정치적·사회적 조건이 존재한다. 『해전사』가 그렇게도 한 시대와 더불어 긴 생명력을 갖게 되는 것은 그 시대와 그 시대를 살아가는 사람들의 정신과 소망이 이미 그러했기 때문일 것이다. 『해전사』들 또는 1980년대의 출판운동을 이끈 일련의 책들은 출판사들의 기획이기도 하지만 1980년대를 살아온 우리 모두의 공동의 작업이자 성과이다. 그 독자들이 오늘 우리 사회를 이끄는 중심세력이 되고 있는 것이다.

"압수된 책 450권 돌려달라"

나에겐 안타까운 기억이 남아 있다. 1979년 10·26정변 직후의 계엄령 시기에 문공부에 용달차로 실어다 준 『해방전후사의 인식』 제1권 450권은 지금 어디에 있을까. 어디에 '유폐'되어 있을까. '쓰레기'로 폐기처분되었을까. 그 책들의 운명을 생각할 때면 나는 가슴이 답답해진다.

2004년 『해방전후사의 인식』 전 6권을 재간행한 직후, 나는 지금은 유명한 영화감독으로 활약하는 이창동(李滄東) 문화관광부 장관에게 편지를 보냈다. 그때 책을 실어오라고 한 사람들은 모두 문화부를 떠났을 것이고, 나에게 호통치던 그 군인도 지금은 전역했을 터이지만, 또 이창동 장관이 책임질 문제도 아니지만, 그래도 책 찾기를 한번 시도나 해보자는 생각에서였다. 노무현(盧武鉉) 대통령 시절이었고 영상예술가 이창동 장관이라면 진지하게 알아보라고 지시할 것 같아서이기도 했다.

오늘 우리 국가사회가 성취해낸 민주주의와 산업화, 민족의식과 문화적 역량은 저 1980년대에 치열하게 전개된 출판문화운동과 깊은 연관이 있다고 할 것입니다. 그 책의 시대, 그 출판문화 운동의 한가운데에 『해방전후사의 인식』, 특히 그 제1권이 서 있다고 생각됩니다. 귀 부처가 강제로 압수해간 『해방전후사의 인식』 제1권을 우리 출판사에 되돌려주는 일은 한 시대에 출판문화의 가치와 정신을 정상으로 되돌려놓는 일이기도 합니다.

한 권의 책에도 인권이 있을 것입니다. 귀중한 정신의 창작인 책을 저 어두운 창고의 구석에 유폐시켜둘 것이 아니라 자유롭게 해방시켜주어야 합니다. 본인은 『해방전후사의 인식』 제1권을 기획한 출판인으로서 어두운 창고 어딘가에 유폐되어 있을 그 책들을 생각하면 늘 가슴이 답답합니다.

한 권의 책은 살아 있는 정신과 지성의 생명체입니다. 정신과 지성의 생명체가 햇빛 아래서 숨 쉬면서 다시 살아 움직이게 해주어야 한다고 생각합니다. 『해방전후사의 인식』 제1권 450여 권을 저희 출판사에 돌려주는 일은 지난날의 잘못된 관행을 바로잡으면서 우리 시대의 고귀한 지성을 존숭하는 상징적인 문화정책의 일환이 될 것입니다.

얼마 있다가 문화부는 책을 지금 갖고 있지 않고 찾을 수도 없다는 짤막한 회신을 보내왔다. 그것을 보관해둘 만한 창고도 없다는 것이었다. 1979년 계엄령 시절에 문공부 청사로 사용되었던 그 건물도 이미 철거되고 세상에 존재하지 않았다.

문화부 창고 어딘가에 '생존'해 있지 않을까 하는 나의 기대
는 무너지고 말았다. 다만 나의 이 편지를 언론들이 보도하면
서 『해전사』를 다시 환기하는 사건이 되었다.

'인식'과 '재인식'의 충돌

또다시 2년이 지났다. 2006년 『해방전후사의 재인식』(전
2권)이 책세상에서 간행되면서, 우파지식인들이 조직한 '뉴라
이트'(New Right) 멤버들이 『해방전후사의 인식』에 대한 비판
을 제기했다. 이들은 『해방전후사의 인식』이 '좌편향'이라면
서 우파언론들의 지원을 받아 공격을 가했다.

한 권의 책은 그 시대의 정신과 운동의 소산이지만, 그 책은
또 다른 책을 탄생시킨다. 『해방전후사의 인식』뿐 아니라 모
든 책은 또 다른 책으로 탄생하고 새로운 이론으로 발전한다.

'인식'은 틀리고 '재인식'만 타당하다는 생각과 주장이야말
로 학문하는 자세가 아닐 것이다. 언론이 그런 흑백논리로 다
루어서도 안 될 것이다. 그러한 논조가 통하지도 않을 것이다.
보수신문 『조선일보』의 집필요청으로 나는 다음과 같이 나의
'출판관'을 종합해서 밝혔다.

『해방전후사의 인식』이 탄생하는 1970년대 말은 참으로 엄혹한 시대였습니다. 민족적 상황과 정치현실에 대해 문제의식만 가져도 수난당하던 때였습니다. 그런 속에서 『해방전후사의 인식』은 기획되기 시작했습니다. 『해방전후사의 인식』은 1970년대의 유신과 1980년대의 신군부가 강요하는 폭압적 상황을 어떻게 하면 개선시킬 것인가로 고뇌하는 지식인들의 학문적 성찰이었습니다.

역사와 현실에 대한 치열한 문제의식으로 『해방전후사의 인식』은 그 시절에 기획된 다른 여러 책들과 더불어 우리 모두의 역사인식운동에 새로운 전기를 불러일으켰습니다. 민족국가의 발전이라는 주제를 놓고 수많은 사람들이 토론하고 고뇌했습니다. 그런 문제의식과 성찰과 행동을 토대로 우리 국가사회는 이제 세계와 더불어 발전해가고 있는 것이 아닙니까.

어린아이들이 늘 새롭게 탄생하듯이 새로운 연구와 성찰로 새로운 책이 탄생해야 합니다. 『해방전후사의 인식』 필자들은 그 후 자기 주제를 계속 연구하고 있고 새 연구서들을 펴내고 있습니다.

『해방전후사의 재인식』을 펴내면서 그 편집위원들은 지난날 우리가 많이 경험한 공안수사관들처럼 두 책의 내용을 단순 도식화시키고 이데올로기적 관점에서 대비표까지 만들었습니다. 『해방전후사의 인식』 열독현상을 시대적·역사적 조건과 더불어 총체적으로 해석하고, 이성적 언설로 비평하는 것이 아니라, 스스로 그렇게 하지 말자고 하면서 오히려 흑백용어를 동원해서 그 내용을 난도질하고 있지 않습니까. 이런 행태는 1970, 1980년대에 수많은 책들을 판금시켰던 권위주의 권력의 그것과 다를 바 없습니다. 학문연구를 지난 시대로 되돌리자는 것인지, 민족문제와 민주주의에 관심을 두지 말자는 것인지도 묻고 싶은 심정입니다.

몇 년 전 우리 출판사가 『해방전후사의 인식』을 재간행하면서 내용을 고치지 않은 것에 대해 『해방전후사의 재인식』의 어느 편집위원은 뭐라고 했는데, 책의 내용을 출판사가 수정할 수는 없습니다. 이미 한 시대의 역사적 존재가 된 책들을 어떤 방향으로 뜯어고치자는 생각이야말로 참으로 위험한 비학문적 발상입니다. 『해방전후사의 인식』은 이미 『해방전후사의 인식』으로 존재할 뿐입니다. 새로운 연구가 진행되고 새 책으로 간행될 뿐입니다.

민족자주적인 담론을 펴거나 북한사회주의를 연구하면 좌파로 몰아치는 경향이 있습니다. 『해방전후사의 인식』 전 6권에는 59편의 논문이 수록되어 있고, 이들 논문의 필자 가운데는 진보적인 인식을 갖고 있는 학자도 있겠지만 보수적인 연구자도 있을 것입니다. 이들의 학문적 인식을 통틀어 한쪽으로 매도하는 일이 안타깝습니다.

『해방전후사의 재인식』편집진들이 뉴라이트에 참여하고 있는지는 잘 모르지만, 이번 사태와 연관되는 일련의 행위들은 학문하는 자세가 아니라는 생각을 지울 수 없습니다. 우리 모두가 한사코 극복하자는 저 지난날의 행태가 재연되는 듯해서 우려됩니다. 우리 사회도 이제 이데올로기라는 환상을 극복해가고 있지 않습니까.

보수도 존중되고 진보도 존중되어야 합니다. 학문과 지성의 세계에서는 더욱 그러하지 않습니까. 다름이 무슨 문제입니까. 생각이 다른 것이야말로 아름답습니다(Difference is Beautiful). 나는 귀하의 견해에 동의하지 않지만 귀하의 견해를 존중한다는 정신과 자세야말로 학문의 세계는 물론이고 국가사회의 정책수립에 필요한 덕목일 것입니다. 최근 '뉴'(new)라는 슬로건을 내세우는 조직과 운동이 자못 왕성하지만, '뉴'가 아니라 '올드'(old)가 되어서는 안 될 것입니다.

"해방 이후 가장 큰 영향을 미친 책"

『해방전후사의 인식』작업은 저자·독자와 함께 하는 나의 책 만들기를 확장하고 심화했다. 1980년대 중반부터 1990년 대 중반까지 나는 출판사에 작은 강의실을 만들어서 한국 근현대사를 주제로 하는 '한길역사강좌'를 독자들과 함께 계속 진행했다. 한국사의 현장을 답사하면서 가슴으로 역사와 역사정신을 체험하는 '한길역사기행'을 기획했다. 출판사는 살아 있는 학교일 수 있다는 생각을 나는 출판사를 시작하면서부터 품고 있었다.

이런 강좌·기행·체험을 바탕으로 나는 '큰 한국사'를 기획한다. 1986년에 기획·집필을 시작해서 1994년에 동시 출간하는『한국사』전 27권이 그것이다. 173명이 집필에 참여한『한국사』의 간행을 기념하여 총 72강좌로 구성한 '한국사대학'을 1년에 걸쳐 진행했다. 근현대사에 분량을 대폭 할애한『한국사』는 국사편찬위원회 같은 국가기관이 기획하는 한국사 저술과 그 내용과 구성이 다른 것이었다. 나는 우리의『한국사』를 '민찬 한국사'라고 별칭했다.

한길사는 이어 재야 역사학자 이이화(李離和)의 단독 저술 『이이화·한국사 이야기』전 22권을 1994년부터 2004년에 걸쳐 출간했다. 앞의『한국사』가 당대 한국 사학자들의 학술적인 성과라면『이이화·한국사 이야기』는 '대중이 읽을 수 있는 한국 통사'라고 할 수 있다.

2016년 10월 7일 창간 70주년을 맞은『경향신문』(현재『경향신문』은 사원들이 공동으로 경영하는 사원주주회사가 되었다)은 '70주년 창간기획'으로 '1945년 이후 한국 사회에서 가장 큰 영향을 미친 책'을 선정했는데,『해방전후사의 인식』이 제1위를 차지했다. 추천위원으로는 출판사 대표, 편집자, 기획자, 번역가, 평론가, 서평가 등 57명이 참여했다.『경향신문』은 2007년 지식인 67명에게 '1987년 이후 한국 사회에서 가장 큰 영향을 미친 저술'을 조사한 바 있는데, 이 조사에서도『해방전후사의 인식』이 제1위였다.

1988년 국민모금으로 창간된『한겨레』는 2018년 창간 30주년 특별기획으로 지식인 59명에게 '1988년 이후 한국 사회의 집단지성에 가장 큰 영향을 미친 책'을 물었는데, 이때도『해방전후사의 인식』이 꼽혔다. "분단체제에서 식민사관과 반북·냉전교착에 찌든 국민들의 현대사 인식을 뿌리째 뒤흔든 인식론적 전환이자 충격을 준 한 권의 책"이었다고 보도했다. 제1권은 일본에서『분단이냐 통일이냐: 한국 해방전후사의 인식』(影書房, 1988)이라는 이름으로 출간됐다.

아직도 판검사의 입에 오르내리는 '불온한 책'

지난 시대 공안권력은 진보적 인사들을 간첩으로 엮어 감옥으로 보냈다. 이런 조작된 공안사건들을 '재심'하라는 판결이 잇따라 나오고 '무죄'가 선고되고 있지만, 보수적 권력집행자들의 발상이 달라지지 않고 있음도 엄연한 오늘의 현실이다.

1985년 국가안전기획부는 미국과 서독 등에서 유학하던 황대권(黃大權) 씨 등이 북한공작원에게 포섭돼 국내에 들어와 간첩으로 활동했다고 발표했다. 안전기획부는 이들을 60일 동안 고문했고 고문에 못 이겨 토해낸 거짓 자백을 바탕으로, 국내 운동권 학생들을 포섭해 반정부투쟁 및 제2의 광주사태를 일으키려 했다고 사건을 조작해 발표했다. 결국 황대권 씨는 13년 넘게 옥살이를 했다. 그가 감옥에서 쓴 『야생초편지』는 밀리언셀러가 되기도 했다. 황대권 씨 간첩조작 사건은 32년 만에 재심이 진행되고 있는데, 재심재판 과정에서 검사가 『해방전후사의 인식』을 읽은 게 무슨 큰 죄가 되는 양 꼬치꼬치 심문하는가 하면 판사 역시 "그런 불온서적을 읽은 게 사실이냐"고 되물었다고 한다. "판사의 입에서 '불온서적'이라는 단어가 튀어나오는 것을 보면서 21세기 재판이 맞는지 의심스러워졌다"고 황대권 씨는 그의 SNS에 썼다.

나도 비슷한 일을 겪은 적이 있다. 한길사는 1980년대 후반부터 조정래(趙廷來)의 대하소설 『태백산맥』을 펴냈다(지금은 다른 출판사에서 간행되고 있다). 1945년 해방 이후 한국전쟁기의 좌우투쟁을 다룬 슈퍼셀러였다. 나는 이 소설을 출판했다고 해서 수사를 받은 바 있는데, 공안수사관이 나에게 험한 말을 했다.

당신이 낸 책들 다 조사해놓고 있어!

남북의 현대사를 본격적으로 다룬 큰 책 『한국사』에서 문제될 만한 대목을 밑줄 치면서 분석해놓고 있다는 것이었다. 이런 시대상황에서 책을 만들어온 출판인 김언호, 수많은 젊은이들을 '독서'하게 하고 '의식화'시킨 문제의 출판인 김언호는 그러나 잡혀가지 않았다. 출판계 동료들은 나에게 "당신은 잡혀갈 만한데 잡혀가지 않는다"는 농담을 건네기도 했다.

나는 책 만들기를 직업으로 삼고 책과 독서를 사랑하는 사람들을 음우(陰佑)하는 신(神)이 있다고 생각한다. 제2차 세계대전 때 미군의 공습으로 도쿄가 초토화되었지만 책의 거리 진보초는 그 공습을 견뎌냈다고 한다. '책의 신'이 음우했다는 전설 같은 이야기다. 내가 그 엄혹한 세월을 무사히 견뎌낸 것은 책의 신이 음우해서라고밖에 할 수 없지 않을까.

나는 『해방전후사의 인식』 제2권을 1985년에 펴내면서 제

1권의 판매부수가 줄어들 것으로 예측했다. 그러나 제1권의 판매부수는 더 늘어났다. 제3~6권이 나오면서 더 많이 판매되는 것이었다. '책들의 어깨동무' 형국이었다. 『해방전후사의 인식』은 지금도 적은 판매부수이지만 꾸준히 판매되며 살아 움직이는 책이다.

1980년대 학번에겐 '해전사 세대'라는 용어가 붙는다. 『해방전후사의 인식』은 도대체 얼마나 읽혔을까. 전 6권의 총 판매부수는 지금까지 40만 부 정도 되는 것으로 파악된다. 1981년 일본의 『마이니치 신문』이 『해방전후사의 인식』 제1권을 펴낸 나를 인터뷰했다. '연파'(軟派)가 아닌 '경파'(硬派)의 책이 수만 권씩 읽히고 있음을 크게 주목했다. 논문적인 글들로 구성된 600쪽이나 되는 책(제6권만 300여 쪽이다)이 이렇게 읽혔다는 사실은 실로 경이로운 독서현상이라고 할 것이다. 세상을 아름답게 변화시키는 책의 정신, 책의 힘!

반민특위의 역사적 의미를 다시 묻는다

지은이 오익환 김민웅 김언호
펴낸이 김언호
펴낸곳 (주)도서출판 한길사

등록 1976년 12월 24일 제74호
주소 10881 경기도 파주시 광인사길 37
홈페이지 www.hangilsa.co.kr
전자우편 hangilsa@hangilsa.co.kr
전화 031-955-2000~3   **팩스** 031-955-2005

부사장 박관순 **총괄이사** 김서영 **관리이사** 곽명호
영업이사 이경호 **경영이사** 김관영 **편집주간** 백은숙
편집 박희진 노유연 최현경 이한민 김영길
관리 이주환 문주상 이희문 원선아 이진아 **마케팅** 정아린
디자인 창포 031-955-2097

CTP출력 및 인쇄 예림 **제책** 예림바인딩

제1판 제1쇄 2019년 6월 6일
제1판 제3쇄 2022년 12월 21일

값 16,000원
ISBN 978-89-356-6323-1 03300